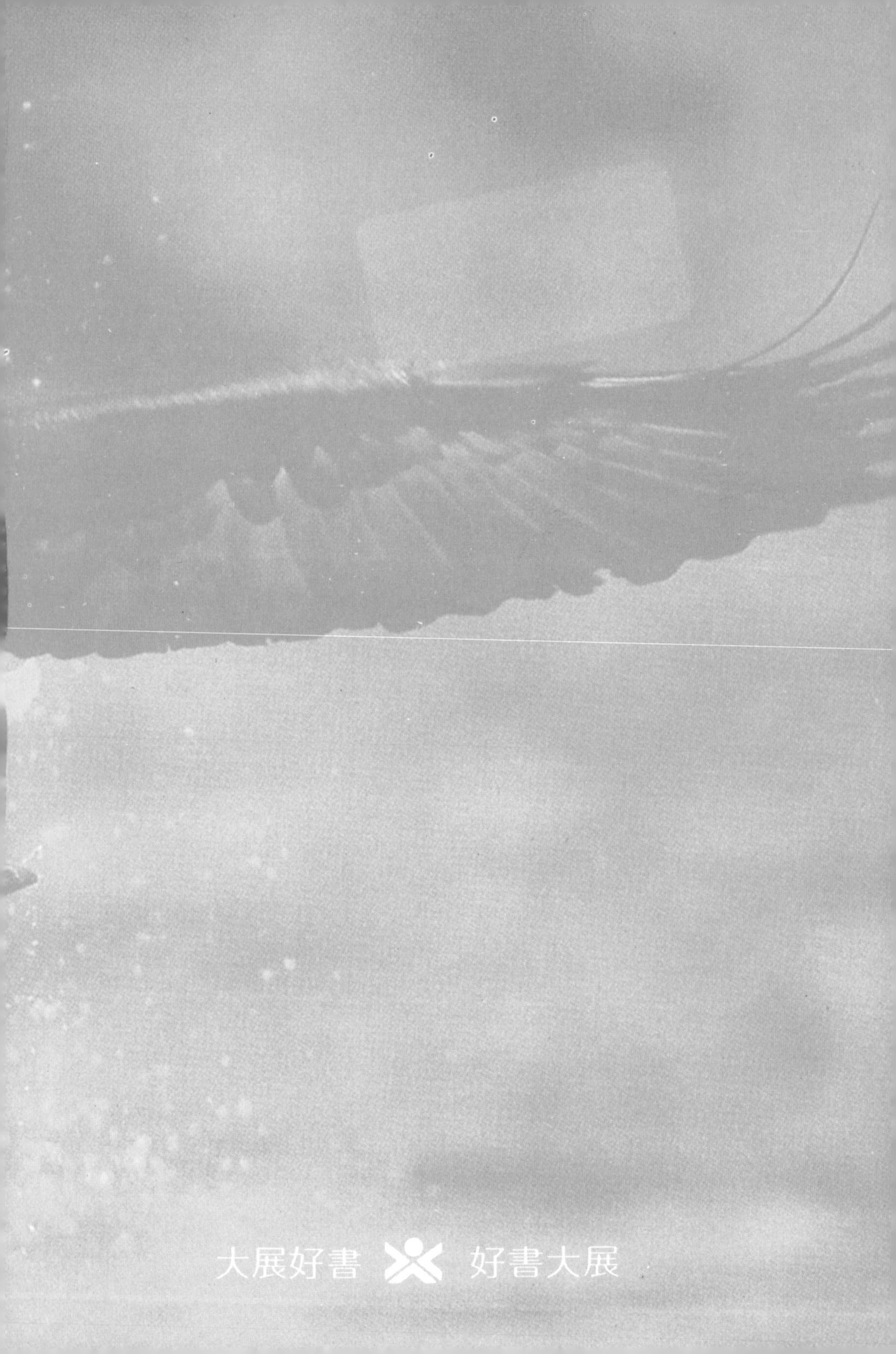
大展好書 好書大展

生活廣場 3

科學面相

淺野八郎／著
林娟如／譯

大展出版社有限公司
品冠文化出版社

大展好書 好書大展

前言

法國就職考試在面談時非常重視「面相」，美國的商業會配合對方「面相」而變換交涉術——。我這麼寫也許你不相信，但這是事實。

談到「面相」，對國人而言，可能認為它是一種占卜。但是在歐美被視為是「了解顏面」的科學來研究「面相」，而且實際活用在社會上。

這是因為在歐美經常有蒙受外敵威脅的歷史背景。也就是說，初次見到的對手到底是敵是友必須要瞬間看清。所以初次見面時，首先看對方的臉。而判斷是敵是友的基準就在於「臉」。

例如「臉」研究先進國法國，將「面相」視為是心理學的一環，有許多學者持續加以研究。事實上在法國書店，心理學的專櫃陳列「人相術」「觀相術」的書籍。

但是在我國卻把「面相」視為是非科學的想法，幾乎不進行科學的分析。例如，根本不了解人類是否只有大人的「臉」左右不對稱，對於「臉」的「謎團」卻無法解開。

此外，對於自己臉部的照片經常會產生不愉快的感覺，到底為什麼會有這種感覺呢？對於「臉」經常會「誤解」。

我成為心理學研究家已經四十五年了，持續研究「觀察臉的方法」，在這種狀況中覺得非常的遺憾。希望更能了解自己的「臉」。所以我想為各位介紹歐美的「以科學研究臉的方法」。

參加就職考試時的臉，在商業上交涉能夠成功的臉，到底是什麼樣的臉呢？還有受喜愛的「好臉」到底是什麼臉呢？

不要認為「我的臉不好所以做什麼事都不行」，光是因為臉的美醜而感覺悲觀。以「研究臉的方法」來說，所謂「好臉」並不是英俊或者是美人。

作家池波正太郎在『男人的作法』一書中，曾經說過「只有磨練男人才能使男人的臉變成好臉」。例如：演員三國連太郎即使年紀老大，但是卻成為具有魅力的好臉。像這樣的人比比皆是，所以好臉是製造出來的。

本書為各位探討一下如何製造出「好臉」。而「研究臉的方法」可以巧妙利用在做生意以及人際關係、找尋戀人等方面，的確是一大喜訊。

淺野八郎

目錄

第二章 超越人相學新的「了解臉的方法」

——你的臉是「慣用右側」還是「慣用左側」

第三章　由「面相」了解你的運勢

——利用「臉的八大重點」了解工作運、財運和戀愛運

第四章　一看「臉」就能了解！　相合性　不合性
——成功的關鍵在於臉型的組合

第五章　「臉」能改運，「運」能改臉
——掌握幸運的「臉的製造法」

第一章　不論是誰都不知道自己「真正的臉」

——現在以科學的方式研究「面相」的一大理由

孩子的「臉」改變時

最近「可愛的孩子們」卻引起令人難以置信的暴力事件。像這樣的例子屢見不鮮，我想這與孩子們的臉出現變異有關。

從泡沫經濟瓦解時開始，就出現很多眼睛和口唇周邊表情晦暗的孩子們。為什麼孩子們的開朗消失了呢？

事實上，同樣的現象以前也曾發生過。

那就是在第二次世界大戰之前。孩子們臉上的開朗已經完全消失了。所以有很多人直覺的感覺到可能會發生大事。

這不僅是國內，歐洲的知識份子當時對於孩子們臉的表情晦暗感到不安，甚至有人提出警告。不管是哪一個時代，在社會的變動期，孩子們的表情會產生很大的變化。中世紀歐洲的畫家們在社會混亂之前，就會從兒童和大人的臉部表情預料到晦暗的未來。

但是請看後面的照片。你可能會發現不管哪一個兒童，臉上都出現晦

兒童的表情變化好像在訴說著什麼

19 世紀末，歐洲的兒童們。整個社會情勢反映即將展開第一次世界大戰。因此，每一個兒童的臉，都呈現晦暗的表情。

暗的表情。每一個人眼睛空洞，出現落寞的表情。當時是十九世紀末期，歐洲陷入混亂中，甚至擔心國家可能會滅亡，因此，整個社會呈現不安的情緒，這就是在那個時期所拍攝的照片。在最後列中央的就是少年時代的希特勒。

兒童們的臉率直的反應出世相而變得晦暗。世界情況的嚴重化不需要任何人教導、不需要任何人強制，在無意識當中就會出現在表情上。

「哈姆雷特」中，有以下的一節敘述：

『神給我們一張臉。但我們自己重新製造一張臉』（God has given you one face , and you make yourselves another. Hamlet, ActⅢ sc.1）

這雖然不是莎士比亞所說的話，但是臉會因自己的人生體驗而產生變化。不只如此，在團體中也可能會模仿周圍眾人的臉部表情而另外製造出一張臉來。

而其中對環境最能夠敏感的產生反應而變臉的就是孩子們。所以看孩子們團體照的臉部表情，就可以預測到這個社會將會體驗何種未來的狀況。所以如果孩子們臉部表情晦暗的話，表示事態嚴重。

由經營者的臉就可以了解公司的「危機」

人類的臉的確是非常的不可思議。持續高度經濟成長，有如旭日東昇般的日本，企業領導者的臉充滿著活力與能量。

但是泡沫經濟使經濟瓦解、走下坡，使經營者的臉就呈現了晦暗的表情。就好像和兒童的臉反應世間的不安一樣。

記憶猶新的事件就是日本四大證券之一的山一證券宣佈倒閉的事件。這是誰都意料不到的事件，不只是商業社會，對一般大眾而言也造成了極大的震撼。

但是這個事件，事實上有「預兆」。

從幾年前開始，經營領導者的臉就改變了。尤其是在建設山一的總公司大樓時，就已經明顯的出現這個傾向了。據說負債達七兆日幣，造成山一證券瓦解的「A級戰犯」，前會長行平次雄的臉，請各位比照一下。

十九頁的照片，（A）的臉是在一九九二年剛成為會長時的表情。當時的臉充滿著自信。

但是在悲劇開始前後卻變成了如（B）一般的臉。眼神不再銳利，口唇和下顎周邊出現很多讓人覺得很不舒服的皺紋。僅僅四、五年內卻出現這種變化，的確是異樣的變化。

這種臉部的「變化」不只是前會長行平，在經濟不景氣嚴重化之前，日本的領導者臉部卻先出現了變化。這和因為肉體的疲勞或是老化而產生的「變化」有明顯的差距。

變化最顯著的就是首相橋本龍太郎。堪稱代表日本的「臉」的橋本首相，他擔任議員時在優良的環境中度過青春時代，是典型的「慶應男孩」的臉。但是這張臉現在卻很少露出笑容，不再將自己的情緒表現出來，成為晦暗的臉。

周圍的人看到這種臉，當然不知道他到底是悲傷還是憤怒。他的嘴巴經常抿成一字，成為毫無感情的一張臉。而日本的政治和經濟就好像橋本

從經營領導者的臉就可以看穿「危險的公司」

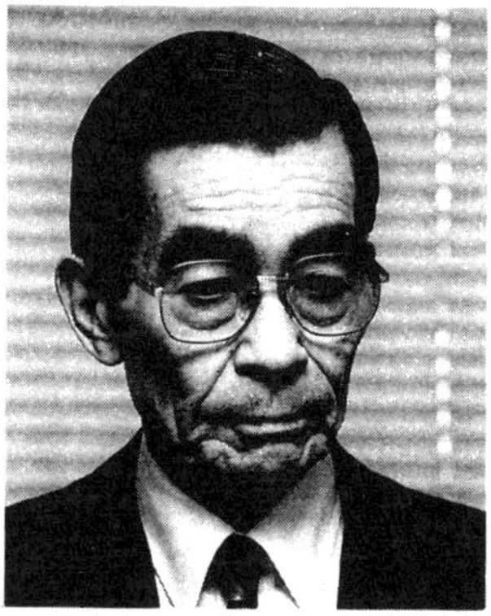

(B)

(A)

山一證券前會長行平次雄會長，到任不久後的臉(A)與「山一震撼」時的臉(B)。僅僅4、5年，下顎周圍就增加了異樣的皺紋。

首相的臉一樣。

由此可知，人類的臉不僅是反映當時個人的心態，同時也強烈反映出整個社會的狀態。尤其領導者的臉直接就反映了社會的狀態。

「無臉的溝通時代造成了諷刺」

日本在一九九五年三月誕生了世界首創的「顏學會」研究團體。不只是日本，現在在歐美也盛行重新評估「臉」的行動。

隨著電腦的發達，網際網路、電子郵件非常普及。這種多媒體的急速進步，實現了不需要看到對方的臉就能與人接觸的「無臉溝通」時代。

原本在電話普及的社會，無臉溝通已經日常化了。但是，光靠電話的交往畢竟對象有限。而最近多媒體的發達，能夠與超出想像的許多人溝通。如果你願意的話也可以和居住在非洲或北極的人交流。

就算是電話，也可以藉著聲調推測對方的人品到某種程度，而光是靠文字或數字傳出來的情報很難判斷對方。此外，雖然可以利用畫像傳送臉，但是用電波送來的映像感覺一點也不親切。

美國史丹佛大學的心理學研究團體曾提出了有趣的報告。利用電話談話，一開始時會因對象是女性或男性的不同而改變說話的聲調。而且如果經由音質和語氣想像對方的女性，感覺她是一位「美女」時，在遣詞用句上就會非常的禮貌。也就是說，利用電話進行無臉溝通，結果卻會成為意識「臉」的溝通。

實際上，想要看到對方「臉」的嚮往，可是在現代「無臉溝通時代」卻愈來愈普遍，可以說是一種「文明的諷刺」。

最近年輕人的臉意識提高了。這傾向明顯的出現在長野冬季奧運中，日本選手的活躍上。日本代表隊正如國人的期待，在跳躍項目中得到了金牌，此外，溜冰以及滑雪等個人項目也奪得金、銀、銅牌，締造佳績。

但是這些選手的共通點，就是他們都有一張好的「臉」。

電視實況轉播奧運賽，創下空前的收視率。看到日本選手活躍姿態的人，七十％都「自然地流出淚水來」。

為什麼這麼多人會感動呢？是因為在經濟不景氣而導致自殺者不斷出現的一些晦暗消息中，看到年輕人拼命努力締造佳績的熱情透過映像傳達過來，而造成的一種感動吧！

況且，得到金牌的里谷多英選手、清水宏保選手、船木和喜選手，他們的父親都已經逝世了。他們克服了心理障礙，締造了佳績。即使擁有這樣的境遇，可是選手們卻展露美麗的笑容，而當這些笑容映在電視上時，的確引起了極大的感動。

在運動中全力以赴時，人的臉會展現最美好的一面。看前些年的亞特蘭大奧運中，馬拉松選手有森裕子也是如此。她就曾經說過，希望父母能夠看到「我得到金牌時的臉」。

但是，可能是這一張「美麗的臉」一直強烈的深印在心中吧，所以她的結婚騷動事件竟然成了小小的醜聞。通常不會引起這麼大的騷動，可能是在看奧運的時候，她的臉給人太好的印象了吧！

所以事實上，在無意識當中，我們對於「臉」的關心度提高了。也可以說逐漸接近一個現代人必須透過臉來探索自己生存方式的時代了。

展現英、法國民性的「FACE」和「VISAGE」

那麼這個「臉」到底是什麼呢?事實上，臉隱藏著平常我們沒有察覺到的「謎」。不管是自己的臉也好，或他人的臉也好，雖然是每天看習慣的臉，但是卻有很多我們不知道的謎。

「長相」非常的好或者是第一印象讓人覺得討厭等等，在與他人相遇時，「臉」扮演重要的角色，相信這一點絕對不會有人懷疑的。在日常生活中，也經常使用「臉很大」或「臉蛋很吃香」等的表現。

英文的「人格、性格」稱為「Personality」。而語源 Persona 是拉丁文，意思是面具。

原本我們與他人交往時，就會戴著各種「面具」來扮演自己。和異性交往時戴著最好的面具，希望將自己的魅力展現到最大限度。這時候，隱藏在面具背後的真正自己，就稱為「Personality」。

戴著面具交往時，人與人之間交往的真正感動是體會不到的。也許看似堅強的面具背後，暴露出軟弱的自己時，也許人際關係就會變得更親密了。人類的臉英文是「Face」，而法文則是「Visage」。但是，這二個字的意思、語源完全不同。

英文的 Face 是「表面」或是「表現於外的正面姿態」的意思，而法文的 Visage 則是「表現於外的自己」「對方所看到的臉」。

凡事講究原則的英國人和擔心別人不知道怎麼看自己的法國人在人際關係上的態度不同，完全表現在「臉」這個單字上。

「臉」具有讓周圍的人可以識別，類似「記號」的作用。就好像是書本或雜誌的封面一樣。但是，臉最大的作用並不只是與他人識別，而是透過臉，把自己的想法、心境向他人訴說、表現。

彌生人具有強烈的「臉意識」

「臉」如果只是單純的識別記號的話，那麼臉和面具完全相同。臉能夠掌握人心，就是因為它具有表現自己感情和慾望的心理作用，所以它算是一個「會變化的面具」。

人類文明可以說是藉著「面具」而開始的。在古代遺跡中，挖掘出許多的面具。彌生時代的遺跡，最近發現了很多令人驚訝的精密面具。

到底是以何種目的來利用面具呢？正確的情況不得而知。但是研究者之間都在猜測，可能是當成祭典或咒術的道具來使用。而在這時候，面具能發揮何種效果呢？

當時是沒有鏡子的時代，即使戴上面具也不會覺得自己改變了。與其說是戴面具的本人，還不如說是對於周圍看到戴面具者的人會產生更大的心理效果吧！原本軟弱的人戴上面具以後，搖身一變成為堅強的人，給周圍眾人造成了恐懼感，變成了「神」。

面具能夠掩飾自己，具有使自己看起來更堅強的效果。不管自己的臉長得什麼樣子，而利用面具表現的印象，確實能夠傳達到看到面具的人心中。

「戴面具的少女」發現的真實

在神樂中，當戴著面具的「小可愛」出現時，很多人都會覺得很高興。但是，當面具摘下來，一看是讓人印象完全不同的惡人臉，恐怕就會受到很大的打擊吧！

戴面具時的「臉」和取下面具的「臉」差距之大，令人感到很驚訝。「戴面具」的自己和真正的自己——心理學家雨果將這二個「自己」分為「性格」與「自我」兩種關係。

戴上面具時，會產生一種不知道他人如何看自己的不安感。而自己不知道周圍的人如何看待自己的意識，就是「自我」的覺醒。

人類的「自我」覺醒就是來自於臉意識。

自我的發育與對臉的意識有密切的關係。不知道別人如何看自己的不安，以及希望自己給予對方超出面具以上的強烈印象的願望，在人心深處製造出各種糾葛的原因。

住在紐約的女詩人露西格雷亞，少女時代因為臉上生了原因不明的疾病，反覆動了大手術。甚至，幾乎已經失去自己的臉，擁有這種異常體驗。

基於這個體驗，她出版了『我的臉的自傳』一書，成為話題。也就是說她天生的臉改變了，每天都很怕看到鏡中自己的臉。而在這個時候能夠讓她安心的，就是戴上嘉年華會時所使用的假面具。

但是不久之後，即使戴上美麗的面具，她也不能夠感到安心了。因為戴上面具時解放的不安感，在摘下面具時又提高了。

她的想法終於改變了。她開始認定因為動手術而變形的臉，才是自己真實的臉，開始考慮到要重視這一張臉。後來整個人生觀改變了。並非戴上假面具的真正自己清醒了，這就是一種「自我的覺醒」。

不只是古代人，對現代人而言，「臉」在人類精神發育上具有重要任務。你自己宛如「封面」一般，給人的臉的印象，不光只是會影響第一印象而已，也成為這個人面對社會該如何自處的重要要素。

『身體與想像』的作者，心理學家R．華爾茲，就曾經說過「人類的心靈從幼兒到青年的成長過程中，『臉』具有超出想像以上的大任務」，這個說法絕不誇張。

對臉擁有自信，對自己的一切就能擁有自信，產生滿足感。相反地，如果對於臉產生自卑感的話，則與臉無關的自己的能力都會感覺到自卑。

「神戶中學生殺人事件」的三大教訓

一九九七年六月，日本發生了震撼全國的事件，神戶市須磨區小學六年級的學生．土師淳、山下彩花連續遭人殺害事件，結果出人意料之外。

犯人完全出乎眾人的意料之外，竟然是就讀中學三年級的少年。砍斷被害人的頭，把頭掛在校門口的殘忍殺人行為，竟然是由十四歲少年所犯下的，這是任誰都想像不到的事情。

而這事件再度引起騷動的原因，就是犯人的臉部照片刊登在雜誌「Focus」上。

光靠一張照片就引起如此大的騷動，以往從沒有發生過這種事情。由此可知，現在國人對於「臉意識」的確非常強烈。

而神戶市須磨區的這一次事件，也提出了我們平常沒有察覺到關於「臉」的各種問題。簡要敘述如以下三點：

(1)臉具有「象徵人格」的社會概念。

(2)人們有想要知道犯罪者的「臉」的強烈好奇心。當異常事件或犯罪發生時，有一種想要看犯人像——尤其是「臉」的心理。

(3)認為異常者的臉一定異常。

現代人對於臉意識產生很大的改變，理由之一就是電視的普及。

在收看電視劇的時候，觀眾會依據演員的臉來考慮人物的設定，有時候會推理真正的犯人。在電視劇中，凶惡的犯人都是由看起來臉好像壞人的演員來扮演的。

政治家的話，則是由臉是否具有魅力來判斷這個人，而並沒有注意到他的證件或行動的誠實度。

為電視時代的臉意識推波助瀾的就是「Focus」等照片週刊雜誌的登

場。利用照片將名人的醜聞直接刊載在雜誌上，比活字更具有魄力。尤其清晰的拍出臉部的表情更能夠提高真實性。

在這種時代潮流中，神戶的「中學生殺人事件」引起眾人的關心，是因為大家想看看會做出這種殘酷事情的孩子，到底是長得什麼樣子，將意識集中在「臉」上是很自然的事情。

每當發生各種事件時，現代人的臉意識就會增強。

像黛安娜王妃和查爾斯王子婚姻關係不好，而且伴隨產生的一些醜聞報導，如果沒有附上當時拍攝到黛安娜臉部表情照片的話，就沒有任何的報導意義了。雖然知道拼命追逐主角拍照是不好的事情，但是電視時代所培養的好奇心，使大家對「臉」的興趣愈來愈濃厚了。

連美國總統大選都可以改變的「臉」的力量

近代社會學家馬克爾汗將電視稱為是「狹小的箱子」，將它視為是改變文明的存在，但是這個「狹小的箱子」甚至改變了美國總統大選的結果。

在尼克森擔任總統的時代，在「LIFE」雜誌的封面，介紹了尼克森化妝成好像電影明星似的照片。

電視和集會場不同，給予人就在身邊的親近感。另一方面，將距離太遠而看不清楚的臉上皺紋斑點全部都顯現出來。即使聲音充滿活力，但是臉和身體卻會真實的暴露出個人年齡和性格。

當時的尼克森給予大眾一種晦暗、冷淡的印象。所以必須在電視上如藝人般給予人更好的印象，而且臉也必須要擁有健康的光澤。

也就是說，利用電視改變政治家。不再利用朝向「廣大空間」大聲嘶吼的絕叫型演說，而要利用一種自然、親切，能產生震撼力的「說話方式」來吸引大眾，現在也非常盛行這一方面的研究。

而在這一連串的行為當中，最受矚目的就是「臉」。

不光是遣詞用句，說話時臉部的表情、手的動作，該怎麼做才能夠掌握在映像管前的大眾心理。在美國，這一方面的人相研究非常的盛行。

平常沒有注意到的眼神或者是嘴唇的表情，在「電視」這個小小的箱子裡卻清晰可見。

例如，如果一直用手遮著口講話的話，美國人會認為你沒有自信，給予人一種好像在掩飾謊言的印象。如果動不動就用手摸鼻子，給人不清潔的感覺，或者是幼稚、任性的印象，而對你產生不信任感。

電視時代也就是臉的時代。

可以說現在是經由臉的印象來評價眾人的時代了。既然是受人喜愛的政治家，不光是在演說上下功夫，甚至在電視上的「臉的表現」也要研究才行。所以狹小「電視箱子」的時代更要求政治家們擁有關於「臉」的智慧。

在政治上，臉扮演重要的角色，這種情況不只出現在美國而已。日本的政治也因為臉而產生很大的改變。

因洛克希德飛機公司賄賂事件而遭到逮捕的日本前首相田中角榮時代以來，政治家變成令人無法信賴，令人產生骯髒的印象。

等到「乾淨三木」三木武夫以及海部俊樹登場之後，民眾重新拾回對政治家的信賴，而在這一連串的動態當中，細川內閣的出現讓國民感覺到「政治會改變，一定可以為政治注入新風貌」。

成為新領導者登場的細川護熙政策非常新鮮，但是令眾人對他抱持期待之心的最大理由，就是「臉」的印象。宛如熊本的「大人」一般，非常的溫厚，沒有金錢慾，給人潔癖的印象，令人產生共鳴。

但是細川登場之後，臉的印象完全改觀，並發現了女性問題與金錢問題等，反而成為毫無魅力的政治家。

結果許多人期待對於政治改革傾注熱情的小澤一郎。對於溫和的大人失望之後，又選擇了具有雄偉、古典政治家面相的小澤。

而對於最近政治的期待，與其說是政治理念或領導力，還不如說是受到臉的印象極大的影響。

在電視時代，政治家和電視演員一樣，現在已經變成了要藉著臉的印象來選擇政治人物的時代了。

但是，雖然期待小澤的政治力，可是很多人卻在看到小澤一郎的臉時，聯想到傲慢的古老政治家，沒有辦法把一切都交付給他。

也因此選擇了介於小澤一郎型的臉和細川護熙型的臉之間的橋本龍太郎擔任首相。

選擇政治領導者的國民心中，無意識當中產生一種強烈的「選擇臉」的想法。所以現代在政治方面也是「臉」的時代。

「臉」是將自己的存在感清楚表現於外的重要部分。尤其像政治家，將表現自己視為是重要工作要素的人，應該要充分了解到自己的臉給予眾人何種印象。

大家都沒有察覺到自己對於臉的「誤解」

每天早上照鏡子時，很多人會嘆息道：「為什麼自己的臉長得這麼怪呢？」或是相反的，有很多的俊男美女喜歡看鏡中自己美麗的臉。

由此可知，要了解自己的臉，最重要的線索就是鏡子，而映在鏡子中自己的臉，真的是自己的臉嗎？

大部分的人都認為這是事實，但是映在鏡中的臉和自己真正的臉卻是不同的，很少人會發現到這個事實。

這是怎麼一回事的呢？請看三十七頁的照片。大家都知道照片是美國第十六任總統林肯。

（A）（B）雖然是同一個人的臉，但是這個照片的印象完全不同。（A）的臉是自然狀態的臉。而（B）的臉則是將（A）的臉左右顛倒過來的臉。也就是說，（A）的人面對鏡子時會出現（B）的臉。

映在鏡中的臉因為左右顛倒的緣故，頭髮的分線以及鬍鬚、痣的位置等和實物是左右相反的。雖然自己認為（B）的臉才是「自己的臉」，但是周圍的人看起來「這個人的臉」應該是（A）的臉。

所以有一些別人看起來覺得很奇怪的髮型，可是自己卻非常喜歡。也就是說，照鏡子時本人看起來覺得非常好的髮型，可是周圍的人看起來卻覺得非常奇怪。

最初，只有在照鏡子的時候，才會「認識」自己的臉。像希臘神話中的那喀索斯，看到映在泉水中自己的臉之後就變成了水仙花，所以人類只有在看到映在鏡中或水中自己的臉時，才能夠確認自己。

不論女性或男性，都會藉著在鏡中所看到的自己的臉與周圍眾人相比較，才會知道比較好看還是比較難看。如果世間沒有鏡子的話，對人類而言也許是一種幸福吧！因為覺得自己比他人都美麗，覺得自己比他人都英俊，就會產生一種優越感，不會失望的覺得自己是一個醜男或者是醜女了。

但是先前已經敘述過，映在「鏡中」的臉不是真實的臉。藉著鏡子所知道的自己的臉，只是照鏡子的人才知道的「虛像臉」，與別人所看到的是不一樣的。

所以說鏡子引起人類對於臉的決定性誤解。而且，照鏡子時對於自己臉的誤解，也造成了各種的影響。有的人看到鏡中自己的臉覺得比實際的臉更好看，而有的人看到鏡中的臉卻缺乏自信，甚至與他人交往都變得消極了。

關於臉的「誤解」是由鏡子產生的

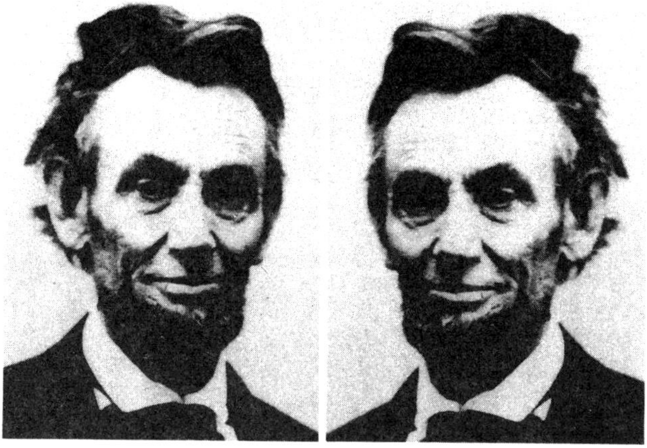

(B)　　　(A)

林肯總統的臉(A)與左右顛倒的臉(B)。我們所想的自己的臉事實上是(B)。

據說人類是由「鏡子」的發明而建立文明。此外，日本人的祖先感覺到「鏡子」具有神秘的咒力，甚至把鏡子當成神，成為信仰的對象，只要看三種神器之一的「八咫鏡」就可以知道了。

現代人幾乎每天都會照鏡子。但是，很少人發現到鏡中的臉有問題。

照片也無法真實的照出「臉」

想要正確知道自己的臉的願望使人發明了照相機。利用照片映出臉的話，就不會像鏡子一樣出現左右顛倒的現象。

在相機發明之前，盛行由畫家來製作肖像。昔日的王公貴族為了讓自己看起來更好看，也擁有更強烈的表現，因此會僱請肖像畫家。

但是，相信大家都曾有過這樣的經驗，看自己的照片很多人會產生一種違和感。雖然不會說「這是別人」，但是很多人會說「拍得不好」，到底是什麼理由才會造成這種說法呢？

一個原因就是，我們認為映在鏡中自己的臉才是真實的臉，另外一個

完全判若兩人的「照片」

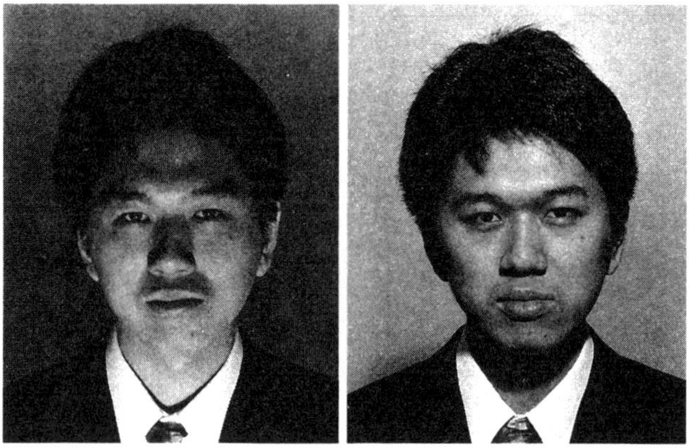

(B)　(A)

照明從上方打過來的是(A)，從下方往上打的是(B)，表情完全不同。

就是攝影狀況的問題。

但是在何種照明下拍照呢？當然照出來的照片完全不同。

請比較一下三十九頁的照片。雖然是同一個人物，但是（A）感覺開朗快樂。可是（B）的臉卻給人可怕、晦暗的印象。這是因為照明在（A）的照片中是從上方照過來的，而（B）則是從下方往上照的。從下方往上照就會讓人產生不好的印象。

即使不採用這麼極端的作法，在窗邊拍照的話，面對太陽光線時，臉的印象完全改變。這就是所謂的「陰影效果」，陰影出現的方式不同而產生這種現象。

如果以窗子為背景拍臉部照片時，就會出現如（B）照片般的效果，容易給人可怕的印象。相反的，如果對著窗戶拍臉部照片時，就會出現與（A）照片同樣的效果。

由此可知，即使照片是因攝影條件或照明方向的不同，也會使臉的印象完全改變。

醜女變美女的「威布斯塔實驗」

如果在照鏡子的時候自己對自己的臉都會產生不同的感覺，那麼他人也不可能正確的看出端倪來。

經常聽人說第一印象決定人際關係，但是我們對於初次見面的對方，其臉的印象會出現各種的「誤解」。即使是每天見面的人，也不可能隨時保持相同的印象。也許頭一次見面時的印象是像個偉大的男子，值得依賴；可是第二次見面時印象卻完全改觀了。

所以對男性而言，具有魅力、像美女般的女性的臉，有時候看起來卻像醜女一樣。為什麼會產生這種錯覺呢？

為了解開這個問題的謎團，美國心理學家威布斯塔進行了有趣的實驗。

蒐集了八百名各種形態，年輕女性的臉部照片，將其中一般人認為是「美人」的四張女性的臉和認為是醜女的四張女性的臉選出來。然後，將美女的女性髮型和醜女的臉部照片合成。再重新挑選「認為是美女的臉和醜女的臉」，就會發生了奇妙的事情。

先前被視為是美女的女性只是變幻髮型就被視為是「醜女」；相反的，被視為醜女的女性卻重新給人美女的印象。

也就是說，女性的美不單是臉的印象而已，也會受到髮型的影響。而這個臉的印象不只是髮型，也會因帽子或者是痣的位置等的變化而產生很大的差距。

第三隻「眼」所製造出來的犯人像

我們見到這個人時，不只是從臉產生他是很棒的人或是討厭的人等等各種的印象。在見到這個人時，自己的心理狀態也會造成極大的影響。

請看後面的插圖。這是在心理學教科書上經常看到的，相信很多人都知道。在看到這個插圖的瞬間，你會想起哪一種人的臉呢？

有的人也許會聯想到年輕、高貴的美女側面。而有的人卻好像看到了

決定所看東西的印象的第三隻眼

你看這是美女還是老女人呢？依當時心理狀態的不同，所看的東西也會改變。

Figure 7.48 The wife-mother-in-law figure. (From Boring; 1930)

宛如中世紀老巫婆般鷹勾鼻的老女人。

看起來覺得像年輕美女側面的人，如果把你所認為的女性的下巴部分看成是鷹勾鼻；而看起來覺得是老女人的人，把女性頸部的項鍊看成是嘴唇的話，則這張插圖看起來是完全不同的另外一張臉。

也就是說，看你眼睛的焦點集中在這幅畫的哪一個部分，而使臉的印象完全改變。

此外，更有趣的就是如果有討厭的事情，或者是痛苦的事情，或是疾病的不安等心理狀態出現時，這個插圖看起來就像是老女人的臉。相反的，如果快樂的時候，心情開朗的時候看起來就像年輕女性的臉。換言之，同樣的一張插圖，會因看插圖的人心理狀態的不同而有不同。

像這樣，自己的心理狀態反應在你所看到的東西的映像上，心理學稱為「投影」。亦即人類心靈狀態在不知不覺中變成臉的繪畫印象。

人類的心理的確非常的奇妙。據說心靈是第三隻「眼」。將這個原理利用在精神分析上，就是著名的「墨跡測驗」。

人類對於「臉」的心理，即使眼前沒有對象時也會表現出來。先前敘述過，打電話和陌生女性談話，會因想像對方是位美女或是醜女而使得聲調改變。像神戶少年殺人事件，也是心理建立、想像的例子。

犯人像也能夠表現出各種的心態。例如是三十五歲到四十歲男性，或者是拿著一個黑色塑膠袋到處徘徊，好像是流浪漢的男子，以上的描述是針對在美國曾經連續犯下殺人事件的殺人狂熱份子的描述。

切下少年的頭，掛在校門口，而且批判教育制度，井然有序訴說自己殺人動機的十四歲少年，誰會想像到他會犯下如此大的罪行呢？

這個事件是罕見的異常犯罪，很多人對此表現高度關心。因此，對於可疑人物的目擊情報絡繹不絕的傳來。很多人在目擊到奇怪的人物時，就會把這個人物聯想為是犯人。

只要喜歡的話，缺點看起來也像優點的「皮格馬利翁效果」

「臉」會表現出許多奇妙的心理效果。最有趣的，就是在別人看起來並不是美人，但是只要喜歡她，自己卻認為這位女性是世界上最美的人。這就是所謂的「情人眼裡出西施」。

希臘神話中也出現了類似的神話。

住在基普洛斯島的青年雕刻家皮格馬利翁，利用靈感雕塑出美麗女神的雕像。作好雕像之後，他深受這位美人像的吸引。每天都把自己關在房子裡面，迷戀著這位並非人類的女神像。甚至覺得這個雕像好像變成真正的人類一樣，甚至擁抱她、親吻她。

只要產生好感，即使是大理石像也能夠吸引心靈，這在心理學上稱為「皮格馬利翁效果」。

只要喜歡，對方的缺點也會變成優點，就算別人勸你不要再跟他來往了，但是仍然難以忘記對方。也許事後想想，根本不知道自己當時為什麼這麼迷戀對方，可是，許多戀愛故事往往就是從這種一見鍾情開始的。

不光是這種「一見鍾情」的戀愛。在工作上也經常出現這種情形。也就是說，如果第一印象很好，就會相信對方，所以在做生意的世界中經常

「眼睛看的東西」是正確的嗎

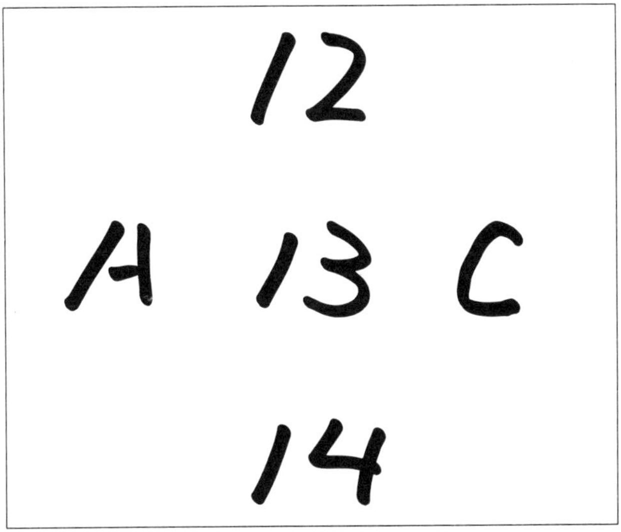

中央的文字，縱向排列時，看起來是「13」的數字，如果橫向排列，看起來好像是英文字母的「B」。

被騙。與人交往，據說是從最初的三分鐘決定的，但是這三分鐘的印象，卻可能會因為一點小事而產生不同的印象或誤解。

為什麼在第一印象中會引起這種錯誤呢？

每個人都自信自己的眼光絕對沒錯。英文有句俗諺說「Seeing is believing」，也就是說「眼見為憑」。但是，實際上並不是如果，你所「看到的不見得就是正確的」。

請看次頁圖形中央。看起來像那一個記號呢？

有的人說是看起來像數字的「13」。但是有的人說不是數字，而是英文字母「B」。

也就是說，對於這個圖形、文字或數字，有不同的排列想法，看起來就會變成不同的東西了。

如果縱向看這個圖形的話，很自然就會聯想到12、13、14等數字。但是，如果從左往右看的話，就會聯想到A、B、C等英文字母。

由此可知，眼睛所看到的事物會出現很大的差距。

混亂觀眾眼睛的五種心理

藉著人與人的交往，會喜歡對方或是討厭對方，是受到各種心理的影響。無法利用第一印象正確看清他人的原因，大致如下：

(1)認為對方英俊、美麗、體態很好，就是個好人的心理影響（類感效果）。

(2)帶有「好惡」的情感看對方時，就無法正確看清對方的心理（暈光效果）。

(3)畢業於一流學校，為名門之後、上流家庭，就會認為是很棒的人的心理影響（威嚴效果）。

(4)心情好的時候看什麼東西都好；相反的，如果連續出現不好的事情，則看什麼都覺得不好的心理（暗示效果）。

(5)因當時的溫度、濕度、環境而造成心理的影響（生理的、物理的效果）。

對於初次見面的人抱著好感，或者是討厭對方的第一印象，是藉著以上五種心理效果發揮作用。不管其中的哪一項，都會混亂我們看對方時的「眼光」，而造成錯誤的感覺。所以，最初三分鐘的第一印象會造成干擾，日後可能會引起許多的問題。

此外，如果遇到了理想的朋友，認為如果和這個人交往，可能自己的人生會變得非常美妙，可是最後可能自己摧毀了這種想法。

有很多企業重視就職考試的面試。但有時面試也可能會失去許多有能力的人才。即使是面試的老手也會犯一些心理的錯誤。

在美國，為了巧妙的將這種心理活用在生意上，因此發售了很多關於面談方法的專門書籍。

人類臉的印象會依各人的心理狀態而受到各種的影響，因而引起想像不到的誤解或混亂。所以在人際關係上，如果對臉能夠擁有正確的知識，就能發現以往沒有發現到的掌握對方心理的線索。

尤其是與人接觸較多的職業，愈來愈講求「臉」的知識。而面談時，是否具有臉的知識，會對能否得到好人才造成極大的影響。

因精神分析而著名的小此木啟吾的著書『你身邊的「困擾的人」的精神分析』曾掀起話題，相信大家記憶猶新。

在與人交往上，沒有比現代更辛苦的時代了。如果自己一人生活的話還沒有問題。可是，事實上我們不可能不與任何人接觸而生活。而且，在必須交往的人當中，自己任性的說謊或是把責任轉交給他人、決不承認自己的錯誤——這樣麻煩的人持續增加。而與這些「困擾的人」的接觸是無可避免的。

在如此麻煩的人際關係當中，為了建立自己的幸福，要尋求新的「智慧」。所以必須要藉著「了解臉」來判斷對方。

在歐美，比國內更早就對於「了解臉」的人相術抱持關心。

二十世紀以後，歐美在人相判斷上，科學的讀臉術『面相（Face reading）』比占卜更為普及。

如果是單一國家的話，利用這種「以心傳心」的方式還可以互相了解解，但是，擁有各種人種和文化的歐美卻不能這麼做。

當然，在國內一部分的人將「人相學」或「觀相術」視為是迷信，但還是有人想要藉著臉來判斷對方，這也成為某種「經濟科學」，而且展現了很好的實績。

國人擁有一種觀念，認為「吃同一鍋飯就是同志」，但是，歐美人卻想要早點知道對方到底是敵是友。

在歷史上，他們的生活經常是建立在對於未知侵略者的恐懼和搏鬥中。因此，不光是從對方所說的來判斷，還必須要尋求看清楚對方是敵是友的方法。所以他們想出了在初次見面時，利用視線投注的「臉」來判斷對方。不使用語言的意思傳達稱為「非言語型溝通」，在歐美，確實追求藉著臉部表情了解對方心理、性格的智慧。

今後，我國社會所尋求的就是這種歐美式的臉部分析「面相」。當成了解他人智慧的真正臉分析。人類的想法多樣化，要考慮與「困擾的人」的交往方法，的確需要對於臉的智慧。

第二章　超越人相學新的「了解臉的方法」

——你的臉是「慣用右側」還是「慣用左側」

表現情感的「左臉」與展現思考的「右臉」

演藝人員面對鏡頭時，不會正面朝向鏡頭，一定是只用左邊的臉或是右邊的臉對著鏡頭。這種臉也可以說是「喜歡右側」或「喜歡左側」。

我在電視上演出時，如果不讓自己左邊的臉對著鏡頭來說話時，就會覺得不安。因此不知不覺當中，在電視上就會展現我左側的臉。

相信不只是我會這麼做吧！很多的人，只有左側的臉面對他人說話時，才會覺得情緒穩定。但是，有的人則相反的必須用右側的臉對著他人說話，否則，便會覺得心情焦躁。

美國威斯康辛大學的心理學家卡爾史密斯博士，觀察學生的臉部表情，發現有的人只動右邊的眉毛，有的人只有臉右側的表情會變化，因此開始調查。

根據歐美心理學家最近的研究，到底是讓別人看右側臉還是左側臉呢？結果發現，認為利用左側臉能夠創造出好表情的人達六十％以上。

這就好像手有慣用右手、慣用左手一樣，臉似乎也有「慣用臉」。藉著與眾人的日常交往和遣詞用句，臉展現各種的表情。要讓自己看起來更好而製造出好的表情。這種動作和表情有它的「癖性存在」。與其說是用左右兩側的臉來展現心情，還不如說是用左右某一側的臉強烈展現出表情。

很多人展露笑容時，臉會朝向左側。仔細研究人類臉部表情，發現「落寞」「喜悅」的情緒大都會出現在臉的左側，尤其是眼睛及其周邊、口唇的表情上。

但是，如果在沉思或者是進行數學計算思考的時候，則右側的眼睛會不斷的眨眼，右側的眼珠會不斷的轉動，右側的表情較多。

實際上，藉著對人類左腦、右腦的研究，發現人類眼睛看東西以及思考時，左右眼睛的動作是不同的。

根據M．E．狄博士在一九六四年所發表的研究成果，顯示這一方面的研究非常盛行。而且實際證明在思考、文字或是計算時，右眼會不斷地眨著。

此外，史丹佛大學的醫學家研究團體和南加州大學的學者們，也陸續報告左右眼睛活動的實驗。

大腦的左腦、右腦與眼睛連結，因此有的人經常移動左眼，有的人經常移動右眼。而腦與眼的結合稱為「CLEM」(聯合性眼球運動)。

一九九二年，加拿大的P．J．提拉博士提出了耐人尋味的研究結果。亦即經常活動右眼的人大多是以邏輯方式思考事物的人，而經常活動左眼的人則是屬於創造性較高的人。

由大腦生理學明白「臉」的「慣用右側」「慣用左側」

亦即，表情會出現左右的差距，這和我們腦的構造有密切的關係。

大家都知道人類大腦分為左半球和右半球。右半球支配人類身體的左側，而左半球支配身體的右側。

最近大腦生理學發現左右兩個腦的領域不具有同樣的機能，大都是左右某一邊的半球佔優勢。

一般而言，左半球佔優勢者較多。因此，左半球的腦所支配的右手大都是慣用手。如果說右半球佔優勢的人，則慣用左手。

人類的左右臉部表情會出現差距，也是受到左右腦半球的影響。而且，大腦的左右各自具有不同的機能。

左腦與「語言能力」「分析能力」「再生能力」「合理的判斷」等人類邏輯思考有密切的關係。而相反的，右腦則與「非語言的能力」「直覺力」「幻想力」等感情的、直覺的判斷有關。

人類臉的左側，大都會表現出「喜悅」「悲傷」等感情，這是因為臉的左側與掌管「感情」「直覺」的右腦有關。

而左半球則支配身體的右側。在思考事物時，腦的左半球功能旺盛，而臉部表情也是受到左半球支配的右側會出現較多的表情。

直接表現情感的左側臉，看起來比右側的臉表情更為豐富，具有魅力的理由就在於此。很多人會喜歡自己臉的左側，就是無意識當中知道了這一點。此外，喜歡自己臉的人，大多喜歡能夠表現情感、能夠真正展現自我的左側臉。

相反的，討厭自己臉的人也很多。像受人歡迎的電影導演三谷幸喜就很討厭自己的臉，他很討厭照鏡子以及被人拍照。

詢問討厭自己臉的人，發現他們並不是討厭自己臉的全部，而大都是不喜歡自己左側的臉。對於微笑或者是溫柔的應付他人會產生一種抵抗感，討厭直接展現出自然的感情。

只有人類的大人臉不是左右對稱的理由

對於左右的臉，你有何種看法呢？我們再來稍微探討一下。

請看後面黛安娜王妃的照片。（A）是朝向正面時的照片。（B）是拍照時的臉。（C）是照鏡子的臉，（A）（B）的印象完全不同吧！自己看起來覺得最親切的就是（C）映在鏡子的臉。

自己的臉意識具有真正的（A）（只有別人才看得到的臉），以及照

「右臉」與「左臉」的不同印象

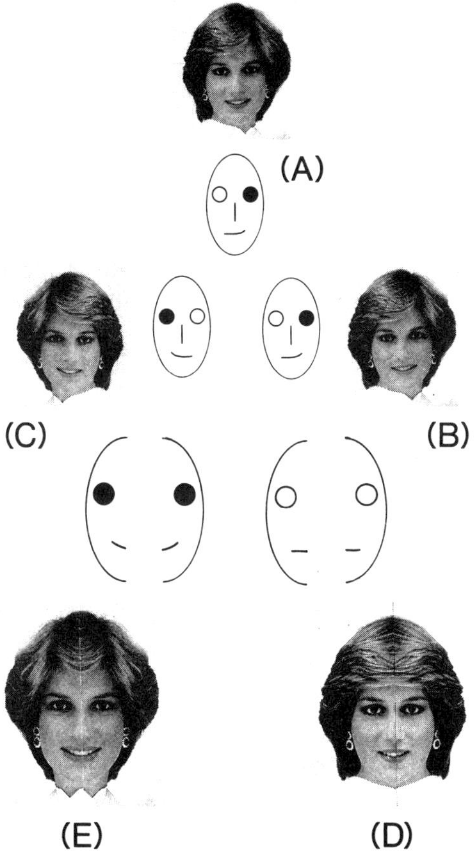

合成「右臉」的臉(D)與合成「左臉」的臉(E)相比較時，E 看起來比較親切。

片上看到的（B）（因拍照方式的不同，看起來時好時壞的臉），以及利用鏡子，看起來非常親切、左右顛倒的（C）的臉，自己的臉具有這三種印象。

利用（B）的臉來做有趣的實驗。（B）的臉左右分成兩半，只用左側這一半或者是右側那一半來合成臉。

（D）的臉是以右臉為主合成的合成臉，是左腦的臉。也就是說，是重視邏輯、看起來比較冷淡的臉。而（E）的臉則是合成左臉的臉，成為右腦的臉。也就是說，開朗、容易親近的臉。

人類的臉，左側與右側具有如此不同的印象，而且左右臉的形狀也是不對稱的。右半邊的臉左右對稱合成的臉和左半邊的臉左右對稱合成的臉，給人完全不同的印象。這並不是只有黛安娜的臉才具有這種獨特的情況，很多人的臉都會出現這種情況。

經常富於邏輯、現實的人，因為充分使用左腦，所以右側臉的表情僵硬，看起來不容易親近。而重視感情、具有敏銳的直覺力、具有幻想力的人，很自然的經常使用右腦，當然左側臉的表情比較豐富。臉左右的不同，也會因各人生活型態而產生差距。

動物不會出現這種臉左右不同的現象。像大猩猩這種接近人類的動物也不會出現左右的差距。此外，人類當中與人接觸較少，未開化社會的人，也不會出現明顯的左右差距。當然，嬰兒更不會出現這種差距。

嬰兒和兒童臉的左右印象非常相似。不管從左側看到的臉或從右側看到的臉都非常類似。

但是，隨著年齡的增長，臉的左右就會出現差距。在孩提時代和別人說話，根本不會去想要讓對方看自己臉的右側還是左側。

在還沒有長大成人之前，對於臉不會特別喜歡右側或左側。直到長大成人之後，才會喜歡自己右側的臉或是左側的臉。

演員喜歡「左臉」，政治家喜愛「右臉」

演員或者是職業運動選手等各行各業的人，為他們合成左右的臉，做成照片的時候，會發現用左臉合成的臉看起來比右臉更為溫柔。

也就是說，人類的感情表現是用左臉來進行的，覺得溫柔體貼的表情大多出現在左側，所以很自然的，利用左側臉合成的照片看起來就是溫柔的臉。

左右合成的照片，大多數人喜歡用左臉合成的臉，但是，還是有很多人喜歡用右臉合成的照片。

喜歡左臉的人是演員、職業棒球選手等，是希望受人喜愛，需要人氣的人。

相反的，喜歡右臉的人大都是政治家、法官等，在社會上要建立威嚴，展現權威的人。

喜歡合成右臉的人，在日常生活中也會將自己右半邊的臉對著眾人，而喜歡合成左臉的人，則經常用自己左邊的臉對著別人說話。

利用臉來表現自己的心情時，並不是利用臉的左右兩邊來建立表情，而是使得左右任何一邊的表情產生更強的變化而展現心情。

必須要清楚展現自己心情的政治家或是實業家等人，比普通人更會清楚的分別使用左臉或右臉。

也有很多學者利用照片或者是自畫像，調查臉的左右側到底何者較容易經常展現出來。其中心理學家馬克馬納斯，利用活躍在十九世紀到二十世紀的畫家所畫的肖像，來調查臉的方向。

畫朝向左側的臉（包括經常用左臉對著眾人在內）的畫家較多。當然，像梵谷這種具有異常性格的畫家是例外，他會畫左右兩邊的臉。

不論西方或東方「臉」都可以分為三部分來探討

人類的臉，左右側會產生不同的意識和印象，而如果把「臉」分為三個領域來探討的話，又可以成為不同的心理分析。

請看六十五頁的插圖，從正面臉的髮際生長處畫一條水平線。其次眉毛與眼睛中間也畫水平線，同樣的，鼻尖和下顎前端也畫水平線。這樣就可以將正面的臉分為三部分來探討。

三個領域由上往下，依序分為ABC時，這三個領域會產生不同的印象，而在心理上也會產生完全不同的意識作用。

實際上，如果人類的臉如圖畫一般，分為三部分來探討的想法，不論是東方或西方，自古以來都採用這種想法。這就是所謂的「人相術」。

在東方，A的部分稱為「天庭」「天」，訴說「年輕時的運勢」，B的部分稱為「人」「中庭」，表現「中年運」，而C則是「地」「下庭」，表示「晚年運」。

而西方的「人相術」將A視為是「知」，B是「情」，C是「意志」。

這三大範圍的想法，是從古代中國傳到歐洲的，而原本在歐洲是否具有這三大範圍的想法，就不得而知了。

姑且不論起源，我們在看臉的時候，不知不覺當中會注意對方的額頭，觀察眼睛，注意嘴巴。也就是說，無意識當中將臉分為三大領域來判斷這個人。

「臉」的三大領域

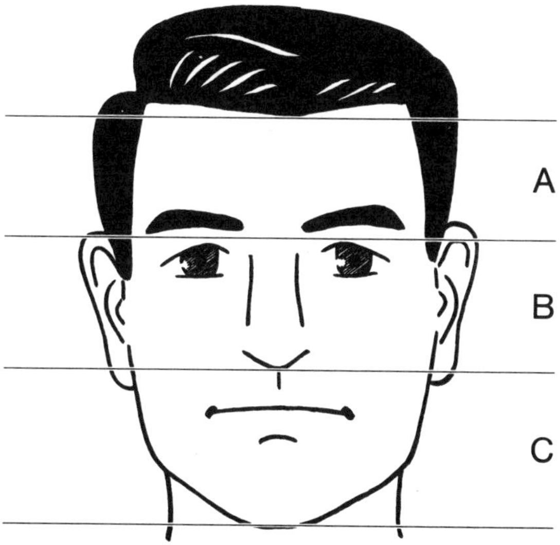

法國的「臉的看法」中，A是「思考力」，B代表「感情」，C代表「行動力」

「臉」的三大領域表現什麼呢?

ABC三大領域，我們可以將其濃縮為以下的想法。這是將人相學當成一種心理學的法國學派的說明，為各位介紹一下：

A的領域

象徵理解力、思考力、幻想力。各人企劃和構想的範圍。

B的領域

感受性。表現控制情感的程度。

C的領域

表示行動力、精力、性的願望。肉體能量的有無。

那麼，我們就簡單的來探討一下這三大領域的意義吧!三大領域的印象和面積的大小在臉上造成各種不同的差距。

A的部分在人的臉當中，是較少塑造表情的部分。儘管如此，與大猩猩和黑猩猩等接近人類動物相比較時，A的部分會產生最大的差距。

A寬廣就是人類的特徵。因此，額頭寬廣的人當然會給予人頭腦聰明的印象。

A部分皺紋較多的人，會給人「神經質、擔心性」的印象。相反的，皺紋較少、額頭美麗的人則給人教養很好、清潔感的感覺。我們對於和尚產生信賴感，這是因為剃光的額頭給人清廉潔白的印象。

此外，能夠得到靈感、直覺的地方也是這個部分。佛像上將這個部分稱為「白毫」，是靈的象徵。

在看臉時候的第一印象中，首先額頭會留下印象，深受老年人喜愛的是額頭寬廣的少女。

談到李奧納多・達文西的代表作，大家都會想起「蒙娜麗莎」。蒙娜麗莎的魅力點就是她的眼睛和口唇，也就是蒙娜麗莎的微笑。但是，她的臉真正的魅力就是讓人感覺聰明，好像處女和魔女混合體的額頭。與整個臉的大小相比，她的額頭比較寬廣。

愛媛縣松山市旅館殺人事件的逃犯．福田和子在一九九七年七月，時效即將截止前被逮捕，就好像電視劇一樣非常的戲劇化。連續犯案的福田在逃亡時，曾經做過幾次整型手術，但是只有額頭沒有整型。福田是屬於額頭寬廣型的人，可能在她的內心深處，對自己美麗額頭深具自信吧。

請看六十九頁的⑴、⑵兩張臉。

眼、鼻、口的形狀是相同的，但是只有額頭改變了。

⑴額頭寬廣，⑵額頭狹窄。一看，大家就可以了解到對這兩張臉的印象完全不同。

⑴的臉看起來比較理智，給人安心感。⑵的臉則相反的，粗野、具有野性感。光是額頭的寬窄，就能夠使人對於臉的印象改觀。

此外，看到兒童的臉覺得可愛、天真無邪，事實上是因為額頭寬廣。只要比較⑶、⑷的臉就可以知道了。⑶的嬰兒的臉非常可愛，但⑷的臉就感覺不到嬰兒的可愛。

額頭的不同會造成印象的改變

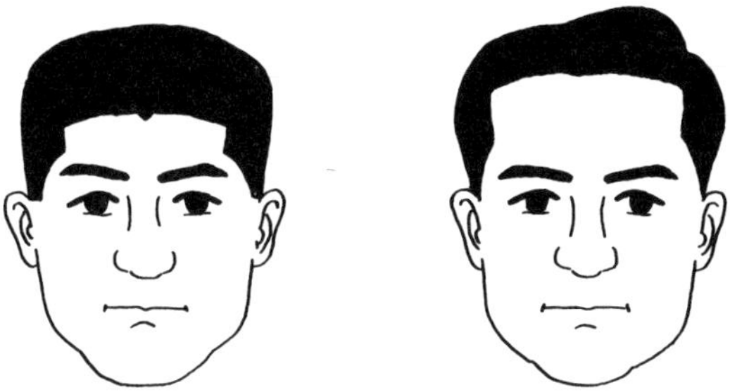

(2)　　　　(1)

額頭寬廣的臉，給人清潔聰明的印象。

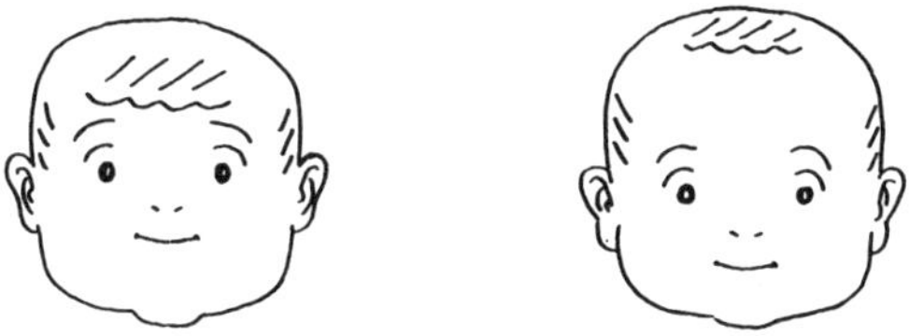

(4)　　　　(3)

嬰兒看起來可愛是因為有寬廣的額頭。

「吃東西」能創造性格

眼、耳、鼻等B的領域，是感覺器官集中的部分。像「喜悅」「悲傷」等感情，會明顯的表現在這個部分。也可以說，這個部分能表現出個性來。在電視和雜誌上，為了保護個人隱私權，經常會將眼睛的部分用黑線遮住，也就是為了利用最低限度的遮掩隱藏具有個性的部分。

B的部分與A的部分不同，表情會不斷產生變化。如果不看B的話，不會了解這個人到底處於何種心理狀態下。所以以某種意義來說，B的部分也可以稱為「感情領域」。

C的部分，有保持生命力最重要作用的「口」。口不光只是負責「吃東西」任務的器官而已。接著咀嚼也能夠強健下顎骨。

下顎用力能產生忍耐力和反彈力的能量。

例如，職棒選手在比賽時，不知不覺中下顎用力，做出咬緊牙關的動作，所以聽說一流選手的牙齒非常脆弱。也就是說，藉著下顎用力而製造出「耐性」和「反彈力」來。

吃東西這個口的動作，不光只是吃東西而已，也會在無意識當中製造出個人的性格和氣質來。

經常聽人說，最近年輕人缺乏忍耐力，缺乏霸氣，因為飲食生活的變化，使他們的下顎縮小所致。下顎變細、口較小的人，吃東西較細，而且也會製造出懦弱的性格來。

而在C的領域中，最容易了解到的就是個人的「性的欲求」。這是因為對於「吃」的欲求和對於「性」的欲求具有密切的關係所致。

佛洛依德學派的心理學家，認為口和鼻是出現在臉表面的「性器」。此外，東方醫學的「經絡」的想法，也認為這個部分與性器有關。C的領域隱藏著個人神秘的「生活力」，也就是說展現行動力和精力。

因此A、B、C三個領域會展現人類不同的意識。

比較三個領域時，A部分面積較寬廣的人是有智慧的人。像詩人、哲學家、宗教家等，共通點就是大都A較寬廣的，一提到有智慧的人，大家就會聯想到A部分較寬廣的人物。

B部分面積較寬廣，眼和鼻較大者，給人容易親近的感覺。此領域反應人類的感情，所以感情表現豐富的人，很自然的B部分就會展現特色。

C部分是生命力的象徵，這個面積寬廣、口較大的人，表現具有精力和體力。

法國的「人相術」是形狀心理學

這種聯想是有根據的。那就是與「形狀」心理的聯想。

我們來探討一下四角形、三角形、圓形這三種圖形。

看四角形會給予人穩定的印象。四角形的臉就是A、B、C三大領域相等的面積。也就是說四角形的臉是知性和感情行動力平衡的人。所以看到四角形的臉，會讓人聯想起值得依賴的穩定人類，其理由就在於此。

圓形給予人沒有稜角、溫和的印象。圓臉的人，A、C的部分狹窄，B較寬廣。由於表現「感情」的B較寬廣，所以圓臉讓人感覺容易親近。

三角形雖然有些動搖，但是卻給人不會滾動的安定感。三角形的臉，相對於C部分的下顎較為寬廣，A的部分，也就是額頭比較狹窄的臉。看三角形的臉，會讓人聯想起具有忍耐力，值得依賴的男性臉。

同樣是三角形，如果上下顛倒的倒三角形則印象完全不同了。頭不穩定，成為容易滾動的形狀。因此，額頭較寬廣，下顎較細的臉，這個人會讓人感覺神經質。

也就是說，看對方的臉，在無意識當中，心中就會聯想與圖形的關聯而來探討這個人的性格。

在法國「人相術」性格判斷的根據，就是由圖形所產生的印象心理。由形狀所得到的人類的「潛在意識」是來自於臉形的聯想。

法國心理學家在研究「臉」的時候，特別重視由這種「形態」而產生的心理聯想。最近法國學派的人將人相學稱為「形態心理學」（Morpho-psychologie）。也就是說，形狀能夠創造心理，而心理能夠使形狀變形。

基於以「形態」而來研究臉的時候，方法分為以下兩種：

人相。

第一、就是以測定形狀加以調查的「人類學的方法」為根據，來研究

第二、則是根據形態給予人的「心理印象」來判斷臉。

在國內，科學家們注意到人相學，主要是以「人類學的方法」為基礎。所以有很多的人類學家或是牙科醫師發表人相書，理由就在於此。

這一類的人相研究，大都是藉著測定比較來調查個人差異，所以看人相和這一類人類學的人相研究的差距，很多人批判就好像是原本占卜師藉著「放大鏡」來看臉，而現在只是用「尺」來看臉一樣，沒什麼差距。

但是在人相研究中，以往從來沒有探討過的就是關於臉的心理學研究，當這種心理學研究進步時，就能夠藉著臉部的變化獲知到表情，而解開臉的「謎團」。

現在公司考試也採用「臉分析」

在法國書店要找書真的很辛苦。因為和國內同樣的，一年內出版的書

籍量非常的龐大，所以在書店裡充滿著書。

如果要從中找出關於「臉」的書籍是很辛苦的作業。到底臉的書籍是排在那一個專櫃中呢？去找尋占星的書卻找不到，仔細觀察會發現在心理學專櫃的明顯處，擺著「臉」的書籍。

若是較大的書店，則在心理學的專櫃，會有寫著「Morpho-psychologie（形態心理學）」的部門。這裡會擺著國人所熟悉的「人相」書。

法國從一九七〇年開始，將我們稱為人相書的學問稱為「Morpho-psychologie」。

這原本是由法國精神病理學家路易・克爾曼所想出的。法文的「人相術」是「Physiognomie」，但是用與以往方法不同之醫學的、心理學的立場來研究臉，所以將這種「人相學」命名為「形態心理學」，藉此與以往的人相術互相區別。

克爾曼在一九三二年發表了『臉與性格』，成為話題。克爾曼認為「臉是個人身體的縮影」，就好像體形訴說性格一樣，臉也能夠反映性格。

人的臉和身體形態大致可以區分為二種；較胖、帶有肉的臉稱為「膨脹型」（type dilat）；而較瘦、面積狹窄的臉稱為「收縮型」（type retracte）。

在一九三〇年代還很罕見的「形態心理學」，到了一九七〇年代急速普及。在職業適合性的診斷、雇用面談上，法國企業都開始採用這種克爾曼式的人相診斷。

就在前後時期，在法國的美國式找尋主管產業急速成長。根據INSEE（法國國立統計研究所）的調查。一九八五年管理職仲介產業的營業額達到五億三千萬法郎。而這個事業活用的就是「筆跡判斷」和「形態心理學」。

而這個範圍的開拓者之一，貝納爾．亞歷山大是頭一個將「形態心理學」應用在找尋主管上的人。他將人的臉，針對眼睛的大小、鼻子的特徵等三百種的檢查要點加以分析，進行發現個人潛在能力的作業。

最初注意「臉」的哲學家亞里斯多德

堪稱法國現代心理學權威的米歇爾．哥克朗，在他的著書『了解他人』中曾經敘述過「性格心理學是比較年輕的學問」，為了瞭解個人的性格，需要各種的知識，絕對不能忽視自古傳下來的智慧『人相術』。

關於臉，人類有各種的類推。例如，初次見面產生好感時，會覺得和過去所喜歡的人的臉非常相似的人一定就是個好人。

最初指出要注意臉的重要性的歷史人物，就是哲學家亞里斯多德。他最初注意到的，就是人類和動物的臉非常類似。想著動物的臉而看著人類的臉時，亞里斯多德認為就能夠了解個人的氣質。

的確，長得像山羊一般的臉，會讓人聯想起是溫柔的人，但是看到像野豬一樣的臉，就會給予人凶暴的印象。

這種將人類的印象和動物結合起來的想法，存在於東方的「十二支」的占卜中。在歐洲，將人類的臉對照動物的臉的想法，在十七世紀非常流行。當時活躍的哲學家布爾卡，就曾說過「決定人類氣質的不是天體的星，而是形狀」。形狀類似的動物、植物、人類，具有類似的氣質。

裝潢凡爾賽宮的著名畫家夏魯爾布朗，就曾畫出將人類臉和動物臉合成的臉。

人類心中，對於自己周圍的人與動物的臉的結合，會抱持親切感、憎惡感或是警戒心。像狄斯耐樂園深受世界眾人的支持，一大理由就是將動物擬人化登場。

在日本為何科學的「臉研究」不進步

很多人認為觀相術或人相判斷是不科學的作法，認為是迷信而加以輕視。而心理學的世界，也不把人相或手相當成研究的對象。

為什麼在國內，臉相和手相研究會受到心理學家的輕視呢？

這是有理由的。因為國內心理學家大都受到美國心理學界的影響，由在美國學習的人進行研究。所以到最近為止，美國心理學界和國內一樣，很少人對於人相或手相感到關心。

美國是以行動心理學和精神分析為主流，而心理分析的方法也以投影法的診斷為主。而在歐洲，很早就實用化的筆跡診斷和人相判斷的心理分析，並不受到心理學家的關心。

在歐洲，尤其是法國，以人相和手相等人類的「相」為基礎，來考慮人類氣質的行為，從戰前就非常的盛行。

而美國到了戰後，也盛行堪稱新心理學運動的「人類性心理學」。此外，在法國的臉和手相研究歷史悠久，人相判斷今日已經確立為心理學的一大範圍。而日本的心理學界，很少有學者注意到臉或手相，而戰前，在法國學習的宮城音彌是少數幾個很早就將人相、手相當成自己研究主題的學者。

美國的人相研究，到了一九四〇年代終於得到心理學家的關心。關鍵就是威納・渥爾夫的「臉的表情研究」。由哈佛大學的哥登・W・歐爾波特博士提出渥爾夫的「臉研究」，而對於美國的臉研究造成了刺激。

這個研究，後來終於發展為美國很受歡迎的評論家朱利亞斯法斯特的『身體語言』。

戰後的美國，加速臉研究的原因就是先前所說的電視的出現。總統選舉，候選人要演說時，將熱情傾注在自己該如何演出上。像尼克森和甘迺迪總統在大選時，都認識到了「臉」的印象比政策和人品都更重要。

當時，並沒有很多的臉研究書。而其中我用英文所寫的『臉不會說謊』一書，介紹歐洲的人相研究，介紹東方自古以來的人相判斷法，引起許多學者的注意。這本書後來終於納入「英國大百科全書」的「臉」的項目中。

原本對於人相心理學研究就比較盛行的歐洲，建立性格判斷基礎的是德國精神病理學家克雷奇馬。法國心理學人相判斷「形態心理學」的性格判斷原理，大部分都受到克雷奇馬的影響。

克雷奇馬認為人類的體格和性格之間有密切的關係，而性格的分類法可以直接應用在臉的性格判斷上。

胖的人很少看到小而細的臉。也就是說，人類體格和性格與臉型有關。亦即，臉型也可以反映出個人的氣質和性格。

而瑞士的心理學家威巴，將這個方法直接應用在臉的性格判斷上。威巴以下顎的形狀和臉頰的肉為主，將臉分為三種基本形態。

應用精神分析的威巴的「臉分析」

那麼，我們就來探討一下威巴臉的分類吧！

S型……整體而言，細瘦、額頭部分較寬，下顎較細的臉。也就是C的部分較狹窄，A的部分較寬廣，倒三角形或長方形的臉。

M型……臉是四角形，好像棒球本壘的形狀。臉的大小比S型更寬廣，但是A、B、C的面積大致相同。

N型……臉頰和下巴部分的肉比較厚，B部分面積寬廣的臉。也可以稱為是圓臉。

S型的人大多浪漫，是幻想家。像在工作上發揮創造力的詩人或小說家，大都屬於這一型。並不會付諸行動，而大多在思考上灌注能量的一型，不適合待在團體中，反而喜歡選擇自己一個人過活。對他人的好惡非常明顯，若是第一印象感覺不好的人，很難和他打成一片。

M型的人耐性極強，具有行動力。會朝著目標，一步一步的前進，在團體當中能發揮領導力。

富於體力，絕對不會將疲勞表現於外，是努力者。但是，對於對方也非常的嚴格，絕對不允許半途而廢的事情發生，因此，可能會被周圍的人疏離。是較能夠抵擋激動期的一型，也可以說是現代尋求的人才。

N型是最寬大，大而化之的人。對他人非常的溫和、親切，但好的印象不會持續太久。一旦交往之後，會令對方產生失望感的就是這一型。而且，情緒容易轉變，別人覺得討厭時，他就會立刻妥協，因此不值得對方信賴。

以上是威巴的臉分析，在歐洲，很多的心理學家持續臉的研究，以科學的方式來「了解臉」。

第三章　由「面相」了解你的運勢

——利用「臉的八大重點」了解工作運、財運和戀愛運

「面相」的八大重點

先前關於人類的「臉」，從各種角度來加以探察。基於臉所具有的大腦生理學意義，以及近來急速盛行研究的「形態心理學（Morpho-psychologie）」的立場來介紹臉分析。

但是關於臉的研究，光是以科學方式來進行，不具有任何的意義。也就是說在我們日常生活當中，如果不能夠實際活用，則沒有任何的益處。

在我們與他人交往時，要如何觀察對方的臉來加以判斷比較好呢？具體的方法如下：

眼、耳、鼻、口、眉，這些器官是將感情的訊息顯著表現出來的部分。使用周邊的表情肌，是經常笑的人，還是沉默寡言、比較憂鬱的人，只要看充分表現這個人性格的部分就可以瞭解了。

事實上，在歐美注意到臉的五大部分「表情」，綜合研究分析人類的臉。其中最著名的研究就稱為「FACS」(Spontaneous Expression Using the Facial Action Coding System)。

換句話說，認為初次見面時，要從對方的臉了解他的人性、性格以及將來性，並不是一件困難的事情。

先前已經敘述過，想要一眼看破對方性格的臉分析，在歐美稱為「面相」。而本書的「面相」也是集約了最近歐美臉研究的成果而發表出來的，這和東方的人相占卜是不同的。判斷臉的關鍵重點有以下八項。

「眼」……第二章已經敘述過，在臉上會敏感的產生「感情」變化的就是臉正中央的部分，尤其重要的就是「眼」。初次見面時，首先要注意對方眼的特徵。

「眉」……容易被忽略，但是具有重要作用的「眉」。最能夠清楚的表現出感情來。

「口」……意志和忍耐力是出現在「口」的表情上。這個人具有多大忍耐力，以及耐力、行動力等是由「口」來判斷的。

「唇」……在各種趣味的對象當中，對異性的關心度比任何人都強。對於性的欲求表現在「唇」及其周邊。

「耳」……反抗心和支配欲表現在意外的部分，也就是「耳」的部分。所以只要注意「耳的特徵」，就能了解自我顯示欲的強弱。

「皺紋」……一個人所說的話和動作表情，不見得就能表現出真實。所以一定要知道他隱藏在內心深處的真心話。這時，要觀察臉左右的平衡狀態以及「皺紋」，就能了解這一點。

「鼻」……在臉上最能表達出自我主張強弱的就是「鼻」。檢查鼻子就可以知道在組織和社會中是否具有發展性。

「下巴」……人生即使具有非常優秀的才能、財力或體力，光靠這些不能成功。最後決定的關鍵在於運的強弱。雖然有才能，但是有的人不能成功就是沒有得到好運。顯示能夠去除壞運的力量以及運的強弱，就是「下巴」。

那麼，趕緊具體來探討一下「了解臉」的八大重點吧！不光是同事或者是班上的同學，每天通勤通學途中所看到的人，都可以以這八大重點來加以觀察，也許會有一些意外的發現。

【眼——不會說謊的「靈魂之窗」】

看眼睛就知道前天晚上的行為

有人說眼睛是「靈魂之窗」。而最近心理學或大腦生理學者的研究實驗證明，眼睛的確能夠反映人類的心。

仔細觀察對方眼睛的動態以及眼睛的光輝，就可以知道這個人是否說謊，或者是否有幹勁。

講談社的創業者野間清治，看到部下的眼睛就說「昨天晚上你到了不好的地方去囉」，可以看破職員前天晚上的行為。

不光是經營者，建立西鐵黃金時代的三原脩職棒領隊，在起用選手時，也是看眼睛來決定的。

在選擇代打者的時候，領隊會看選手的眼睛，如果眼光移開的人，表示沒有欲求，表示不願意當代打者，相反的，如果回瞪著領隊的眼神，表示這位選手燃燒著幹勁。

當眼睛充滿著光輝的時候，表示這個人的心靈也非常的純潔。眼睛暗濁時，表示心中晦暗，沒有慾望。

證明「眼睛會說話」的海斯實驗

大家都知道瞳孔在黑暗處會放大，在明亮處會縮小。但是瞳孔大小的變化，不只與亮度有關，也會因心靈的動態而改變。

一般人看到不關心的東西、不具好感的東西，瞳孔會縮小，看到感興趣的東西、具有好感的東西時，瞳孔會放大。經常聽人說「那個男人啊，每當女朋友出現時，眼睛都閃耀光輝了」，這並不是毫無科學根據的說法。瑞典的學者們調查了實際的資料，大約十％到三十％的人瞳孔會放大。

由「海斯實驗」了解瞳孔的秘密

照片的種類	看到照片時，男性瞳孔的放大率	看到照片時，女性瞳孔的放大率
嬰　　兒	0%	18%
嬰兒與母親	5%	25%
男性裸體照	7%	20%
女性裸體照	18%	5%
風　　景	1%	-7%

男性的瞳孔對於「女性的裸體」會產生反應，而女性的瞳孔則毫無反應。但是女性的瞳孔看到「嬰兒與母親」的照片時會放大。

芝加哥大學的艾克哈德·H·海斯曾進行過有趣的實驗。

讓二十名男女看五種照片,測定瞳孔大小的變化。照片是「嬰兒」「嬰兒與母親」「裸體男性」「裸體女性」「風景」等五種。結果如後面的表所示。

根據這樣的調查，一般而言，女性比男性瞳孔增減的程度更大。女性對「嬰兒」產生強烈關心，尤其是對「嬰兒與母親」比對「裸體男性」表示更強烈的關心度。而相反的，男性對於「嬰兒」毫無關心，可是當「裸體女性」出現時，突然瞳孔放大，眼睛閃耀光輝。也就是說，瞳孔會正直的反映出心裡的想法。

瞳孔不只展現人類關心度，對於智能的活動也有密切的關係。

像數學家等使用頭腦工作的人，瞳孔比普通人更大。智能愈高的人，瞳孔大小的變化比較少。例如，在計算與7×8計算16×23相比時，16×23的瞳孔放大程度較大，也就是說，不懂得計算的人瞳孔會增大二十%，但是習慣於計算的人，大約只增大十%而已。

能了解關心度的瞳孔三大變化

相親時，對於初次見面的異性產生強烈的關心度及好奇心。尤其，男性看女性時這種傾向更強烈。如果，突然有一個穿著迷你裙的女性出現時，注意男性的眼睛，就會發現這一點了。此外，在約會中藉著女性（男性）瞳孔的變化，就知道她（他）對於對象是否關心。

如果她（他）的瞳孔縮小，而且沒有光輝的話，抱歉，她（他）對於對方的關心度很淡，甚至產生強烈的拒絕感。看到討厭的東西，違反自己意志的東西時，就會出現這種瞳孔。

但是相反的，所謂「看起來眼睛好像閃耀光輝似的，在這個時候說服女性就能獲得成功」，這的確是正確的判斷。

如果，瞳孔突然縮小，頭腦中完全沒有對方的身影存在，那就表示對方根本是在想其他的事情。

瞳孔沒有變化時，是屬於一種不關心、疲勞、想睡的狀態。此外，在不緊張的狀態下，具有容易給予暗示的特徵。在說服對方時，對方這時更容易了解自己的想法。所以推銷員在應付客人的時候，了解瞳孔的狀態，做生意就能獲得成功。

墨索里尼不眨眼

除了瞳孔的變化之外，想要利用眼睛表情來觀察的話，不可以忽略的就是眨眼的動作。通常幼兒是不會眨眼的，而成人則因個人的性格和工作場所不同，眨眼的次數也具有個人差異。當時的體調和心理狀態會表現在眨眼的次數上。

在挑選參加ＮＨＫ電視台培訓節目演出的人員時，依職業別觀察臉部表情時，眨眼次數較多者的比例如下：

科學實驗、會計事務相關工作者……十二人中有九人

學者、文化人……十六人中有五人

學生、一般人……二十五人中有七人

由這個資料大致可以了解到，科學實驗或會計事務等，比較仔細的工作者，眨眼會成為一種習慣，而且眨眼的次數很多。

此外，性格頑固的人，耐性極強的人，幾乎不會眨眼。最著名的就是義大利法西斯黨的墨索里尼，聽說他在演說中幾乎完全不眨眼睛。

此外，心理緊張時也較少眨眼，在放鬆或疲勞時容易眨眼。

根據名古屋大學研究調查發現，名神高速公路駕駛的眨眼情況，在直線路線上，道路比較單調時，眨眼的次數較多，而進入彎道，地形有變化時，眨眼次數較少。

利用眨眼判斷精神狀態

如何利用眨眼來判斷這個人呢？整理敘述如下：

●眨眼次數較多時

大家都知道石原愼太郎「眨眼次數」較多。

談話中的眨眼，表示頭腦中正在思考其他的事情或是整理思考的狀態。此外，也是當被對手看穿真心時，震驚的表現。當疲勞堆積時，睡眠持續不足時，無氣力時也會經常眨眼。此外，因為精神壓力而出現的「抽搐症」也容易眨眼。

但是有的人則是從一種職業的習慣，或者是精神原因也會眨眼，因此必須要注意。像工程師、電腦程式設計師、設計師等，有很多人都有眨眼的習慣。

●眨眼次數較少時

如果說眨眼次數非常少的人，是屬於頑固、自我主張較強的人。此外，也可能是因為失望、放心狀態的精神性疾病所造成的原因。

眨眼較少時，因黑眼珠的位置和移動方式不同，可以將這個人的精神狀態分為以下三類。

首先就是黑眼珠不斷上下左右移動，表示情緒動搖，長期持續不穩定的精神狀態。老練的刑警，在雜沓的人群中，可以藉著這種看起來不穩定的眼神而立刻找出扒手來。此外分裂症患者或歇斯底里症患者，黑眼珠也經常轉動。

另外，如果黑眼珠往下轉動時，一般而言對於對手產生強烈的敵對意識，但也可以將其視為是在談話時，對於對方一種尊敬、恐懼的表示。女性則可能是害羞的情緒或者是不好意思的情緒作祟。

最後，就是黑眼珠往上移動，這表示是開放、積極的情況。在談話中，則是一種親近感的表示。但是，如果是女性的話，大多是屬於自信過剩的人。希望受到注意，希望別人肯定自己的強烈情緒表現。

【眉——最容易表現感情的部分】

連進化論的達爾文都注意到的「眉」

在人類臉上，容易被忽略，但是具有重要作用的就是「眉」。人類的各種感情，大都會藉著眉毛的表情而表現出來。

先前所說的「人相術」，是以來自臉的印象為主，來判斷人類的一種「印象的經驗法則」。在戴眼鏡還不普遍的往昔，臉的印象受到眉毛非常大的影響。因此關於眉，以往在占卜中，以及最近的心理學立場上都加以肯定。

不論女性或男性，如果剃掉眉毛，臉的印象會完全改觀。平安朝的女官在宮中工作時，都會剃掉眉毛而畫紅線來代替眉毛。眉毛原本與人類的慾望和感受有關，而剃眉則表示捨棄這些事俗慾望的意思。

而最近的「臉的表情研究」，從各種角度進行關於眉毛的研究。眉的周邊，有掌管表現臉部感情的表情肌。因此，「眉」會將人類的感情最清楚的表現出來。

最初注意到感情的變化與眉的關係的，是因進化論而著名的達爾文。在其著書『人類及動物的感情表現』一書中，將眉毛和感情的表現結合在一起。而這個研究由美國的心理學家艾克曼．夫里詹所繼承。

在人與人的「臉的溝通」上，眉毛具有超出想像的大作用。一般而言，細的眉毛給人女性的印象，而粗大的眉毛則給人男性的印象。第一印象的好惡，大都會受到眉毛形狀的影響。

有的人雖然頭髮濃密，但是眉毛稀疏。有的人雖然頭髮稀疏，但是只有眉毛很濃。也就是說，眉毛與體毛的濃淡有關，但與頭髮的多寡無關。眉毛較濃的人，通常陰毛也較濃。

此外，眉毛會隨著高齡而逐漸長長，像日本前首相村山富市，留著長長的，好像蓋住眼睛的眉毛，就是老化的象徵。

眉毛要藉著長度和毛質（毛的排列）以及形狀來判斷。以眉毛的形狀及其長度為基礎來分析性格時，要點如下：

●長　眉

長眉，兄弟緣很好，遇到困難時可以得到援助。像木村拓哉就有這種眉毛。

但是，和親兄弟的繫絆太深，有時沒有辦法離開親人。而女性即使結婚，可能比較擔心自己娘家的親戚或兄弟而非丈夫，因此成為夫妻爭吵的原因。黑木瞳的眉毛就屬於這一型。

●**短　眉**

眉毛的長度比眼睛更短時，表示親兄弟緣較薄，依賴心較強。如果只是緣較薄的話，那麼自己一個人努力活在世上還好，但是辛苦得到的金錢卻被親兄弟無心糟蹋掉，或者是借給他人。

短而濃的眉表示激烈的性格。在職棒中，造成鬥毆事件的大都是屬於這一型的人。

很多女性的眉毛稀疏，而男性有時也會看到眉毛稀疏的人。大都是孩提時代，無法得到父母情愛的人，這一型的男性具有拼命追逐女性的癖性。可能是因為得不到父母情愛，而想要尋求一種補償心理吧！演藝界人士火野正平就是這個典型。

女性眉毛極為稀疏的人，不具有男性運，即使結婚，問題還是很多。

●**濃　眉**

眉毛較濃，長度甚至到達眼尾，表示有繼承家業之相。即使不是長男，

眉型與其名稱

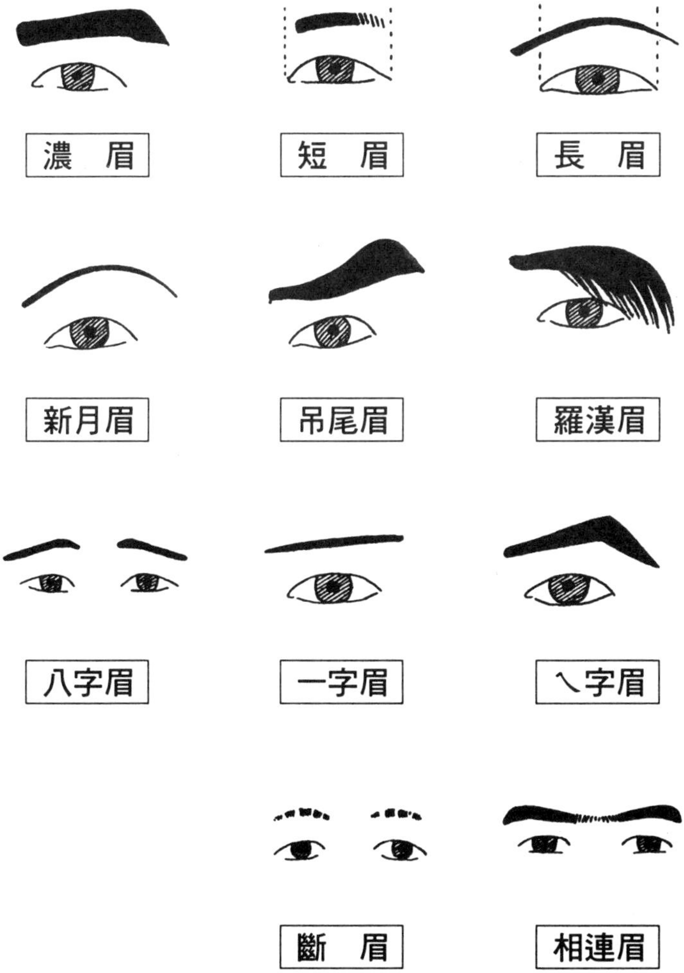

但是也會以各種形態繼承家業。外號大羚羊的一郎就是這一型。

●羅漢眉

濃眉好像長到蓋著眼睛似的，好像佛教修行者阿羅漢一樣，稱為「羅漢眉」。如果要用一句話來表示的話，就是屬於大器晚成型。像先前所敘述的前首相村山，就是這個典型。大都不具有融通性，但是性格篤實。

●吊尾眉

俗稱的「義經眉」。是源式大將源義經的眉毛形狀。

已經不是熱情，而是屬於激情型的性格，無法抑制自己情感的人的相。非常的急躁，如果不順心的話就會覺得很不高興。也非常的任性，一旦熱血沸騰時，根本就不管後果如何，就是屬於這一型的特徵。獨賣新聞社社長渡邊恒雄就具有這個眉形。

●新月眉

別名「柳眉」的這種眉毛是表現高貴的眉。如佛像畫中，經常看到的就是這一種眉。出生富裕之家或者是家業繼承好幾代的人，經常看到這種眉。

雖然不具有堅強活在世上的能力，但是會得到許多人的幫助，因此能夠度過社會上的危難。但親切、不會懷疑他人的性格，因此容易被欺騙。人氣急速上升的歌手知念里奈就是屬於這一型的眉。

與這種新月眉非常類似的眉，就是細眉一直連到眼睛上方，表現出對於性的慾望較強，屬於風流的性格。具有色難之相，如果你的戀人或者是結婚對象擁有這種眉的話，你最好小心一點。

新月眉的人富於感性，可以從事活用這種感性的職業。

●ㄟ字眉

蘇菲亞羅蘭等外國女演員，經常看到的眉相。

自尊心較強，最討厭遵從他人的指示，對任何事情都抱持熱情的性格。充滿活力及精力，男性還好，如果是女性的話，即使結婚也無法乖乖待在家裡面。但是，不論男女在社會上都非常成功之相。小室哲哉就是這個眉。

●一字眉

一直線眉的人，眉的形狀和性格相同。會朝著目標直衝，絕對不會顧及左右。高爾夫球的天才老虎・伍茲就是這種眉。

雖然在工作上充滿幹勁，但是根本不考慮周圍眾人的想法，不論男女，都是欠缺溫柔的相。

●八字眉

富於旺盛的服務精神，比較值得全面信賴之下，這一型的人常常話裡有話。

此外，會貫徹自我主義信念者，到了高齡之後也會出現這種眉。像社民黨的土井女士就是這個典型。不論男女，出現這個眉毛時，容易遭人誤解。

●眉間相連的眉

情感或所想的事情會立刻表現在行動上的性格。無法忍受半途而廢。

就算是賭博，也喜歡孤注一擲。而戀愛不喜歡抱著玩玩心態的交往。

眉間的部分是淡淡相連的眉，具有了解人心的洞察力和直覺力。

性格很難掌握，而且有強烈妒嫉心，和這一型的人交往時，遣詞用句必須要注意。孫正義就是這種典型。

●斷　眉

眉毛在中途斷掉的人，感情起伏較大，有時突然怒氣大發，有時突然變得非常溫馴，是屬於不穩定的性格。職棒投手伊良部秀輝是這一型的眉。

但是具有很好的直覺力，擁有別人所想不到的想法。

【口——活力的象徵】

即使沉默但「口」仍然會雄辯

想要表現在語言上，但是卻表現不出來的焦躁和不滿、不安出現時，口的形狀都會改變。有元氣的時候，能夠展現自我主張，愉快的時候，口會大大的張開。口的確具有豐富的「表情」。

但是想說的話卻無法說出來的不滿積存時，口會緊抿成ㄟ字。

一九九七年十一月，某個攝影週刊刊載因被懷疑對非式股東提供利益而遭到逮捕的四大證券幹部二十人剛被逮捕後的臉部照片。而這些臉部的共通點就是二十人的嘴都抿成ㄟ字型。也就是說，希望自己複雜的情感清楚的表現在口上。

同一時期，在宮城縣知事選舉中大敗的新進黨主席（當時）小澤一郎的臉部照片也刊載出來了。原本好像如野人姿態般的臉，口卻抿成一字型，變成沒有魄力的臉。即使不開口說話，但是卻能夠藉著口反映出當時的情感以及心理狀態。

口是動物維持生存，所展現的必要行動「吃」這個動作的重要器官，不僅如此，也維持著只有人類才具有的能力「說話」的機能。

人類在二十五歲到三十歲時，在商業社會就能夠在第一線活躍，這時「口」發揮的作用非常的大。為什麼呢?因為透過工作要和許多的人交往，所以溝通能力的有無非常重要。

工作力旺盛的年齡層而要求體力。也就是說，「吃東西」變得很重要。而說「話」的行為，也是了解個人是否具有活力的關鍵。由此可知，「口」的確具有重要的作用，要特別注意「口」的表情才行。

口的形狀是了解不平不滿的關鍵

調查口的兩端，會發現經常發牢騷的人和不會表現不滿態度的人，有不同的特徵。

換言之，口的形狀表現個人的精神狀態。對於任何事情都不滿意，經常發牢騷的人，即使閉口的時候，口的兩端也會下垂。而不滿的人微笑時，口的兩端也會下垂。

通常在與他人接觸中，經常覺得不滿，不會展露笑容的人，口的兩端不會朝上。在工作上必須要展現威嚴的人，例如法官、檢察官等，口的兩端會下垂。而如果是高齡的政治家或是曾經做過官員的人，口兩端都會下垂。心理學家艾爾門將其稱為「敵對型」。

橋本龍太郎雖然是個政策通，但是別人對他不會抱持好感，可能就是因為口的表情吧！

調查這個人的臉部照片，會發現他很少裂開大嘴笑。站在攝影機面前，無意識當中會緊閉著口，口的兩端下垂。

口的兩端隨時保持朝上的人，與朝下者行動的方式和不滿的表現方式完全不同。即使有不滿也不會說出來的人，口的兩端會朝上，很自然的閉口時，口的兩端也會朝上。艾爾門將其稱為「慈愛型」。

但是這個口的表情，是由口周邊表情肌的動作建立起來的。而其功能，自然對於眼睛周邊的表情造成影響。如果口的表情經常朝下的話，眼尾就會往上吊，愁眉苦臉的時候，眼和眼之間就會出現直條紋。

眼和眼之間有一條直條紋的人，大都是口兩端下垂的人，有很多不滿的人。英國前首相柴契爾夫人，相當頑固，是屬於牢騷很多的政治家，而這個人眼和眼中間隨時都會有一條長長的皺紋出現。日本的政治家則是前首相吉田茂也有這種情況出現。

而口角向上表情的人，眼尾就會出現所謂的「撒嬌紋」。對他人展現溫和的表情，為了製造笑容，眼尾就會出現皺紋。像已故的黛安娜王妃的眼尾皺紋就是這個典型。

【唇——訴說對「性」的關心】

可以用唇來判斷對異性是否積極

心理學家佛洛依德，認為看臉的時候就會潛意識的聯想到下半身。無意識當中，臉的各部分與看不到的下半身相結合。

看鼻子的形狀會聯想到男性性器，就是其中的一種表現，會讓人聯想到性的臉，具有極高的性魅力。

性的聯想，是會讓人聯想起女性看不到的部分，也就是說，將對身體的想像和臉結合在一起，而成為「臉與全身」的聯想。例如，額頭部分會聯想起身體的上半部「頭」，眼和眉毛部分，則是雙手攤開的姿態，鼻和口則會讓人聯想起女性下半身的形狀。

男性在第一印象中，最注意女性的部分就是臉三大領域當中的C部分，也就是口和下顎。尤其是唇的厚薄，很多人會對它產生性的聯想。

女性的唇會讓男性聯想起下半身。亦即唇較厚、口較大的女性，性器也較大。而口較小的女性則情形相反。

最近，口小、下顎細的女性受人歡迎，可能是因為男性本能上就嚮往較小的性器吧！或是男性本身已經女性化，沒有辦法應付豪放的女性吧！

不論是東方的人相術，或是西方的人相判斷，自古以來都認為唇的厚度表示對於性的姿態。上唇是「給予愛的喜悅」，下唇是「接受愛的喜悅」。上唇較厚的女性，在性方面如果讓對方感到喜悅就會產生快感。

而男性本能會深受上唇較厚的女性吸引。其典型就是歌手松田聖子。

如果說這個人的臉，整體看起來並不是均衡的美麗臉。但是口小，只有上唇非常的厚。而仔細一看，厚唇有很多直紋。這種皺紋，人相術稱為「款待紋」，認為「具有召喚男性的性魅力」。除了松田聖子之外，葉月里緒菜的唇也是這種唇。

相反的，上唇較薄的女性，不會「奉獻愛」，而會「接受來自對方的愛」。像宮澤里惠的唇就是屬於這一型。

如果上下唇都薄，對於性的想法比較淡薄。比較冷淡，在性方面可能是冷感症的女性。

但是，如果自己是屬於這一型，而悲觀的認為不會受男性喜愛，那麼你就錯了。這一型的女性，只要在唇部化妝上下點功夫，也能夠完全改變性的印象。

「厚唇女性喜歡性行為」是真的嗎？

川端康成名作『雪國』中，曾描述主角島村抱著駒子的場面。

「駒子的唇好像美麗水蛭一樣，能夠伸縮，非常的柔滑。」

這是訴說唇表現女性情愛、情慾的部分，自古以來認為唇厚的女性，性衝動比較強，甚至認為下唇厚到好像翻過來的女性，是淫亂之相。

因此，戰前的日本，為了讓唇看起來薄些，會用白粉塗抹唇。但是，非洲原住民中，有的部族卻煞費苦心，希望讓唇看起來更大、更厚。

不光是唇的厚度，使唇濡溼的黏液與性的刺激也有關，據說在接吻時，唇愈濡溼的女性愈充滿情慾。

斯堪地那維亞半島的拉普人，男女在接吻的時候，要將唾液流入對方的口中，互相摩擦鼻子，認為這才是深切情愛的表現。

上唇與智慧活動、性行為壓抑的意識有關，而相反的，下唇是表現情慾、肉慾的意識。

因此，如果上下均衡就能控制情慾，依上下唇的厚度比例不同，可以判斷出個人對性的反應，或者是在生活上的積極性。

利用唇做人相判斷時，要將上唇與下唇的厚度加以比較來探討，不過由於唇和性相關的深層心理意識有關，所以對於唇形也必須要注意。

●上下都薄的唇

東方人相術和西方的人相學，認為上下唇都薄的人，是冷淡、不體貼的人。來自於唇的冷淡印象，對於各方面都造成影響，容易被人視為是沒有人情味的人。

對於金錢和物質的執著心極強，與人交往時警戒心太強，沒有辦法發現能夠傾心交往的對象。

這種傾向，尤其是女性較多見。容易背叛男性，或者是離婚。此外，這一型的女性，大多有手腳冰冷症的毛病，手腳和腰容易發冷。

若是男性，則稍微頑固，不具有融通性，但是，如果是軍人、警察的話，則具有冷靜處理事務的能力。像日本大藏省的優秀官僚，大都有這種唇。

●上下都厚的唇

上下都厚的唇，男女都經常看到。圓臉的人較多這種唇形。

上下唇都較厚的女性，會讓人聯想到性器很大。此外『身體訴說一切』

的作者，醫學博士H．克雷斯提拉則認定，實際上這一型的人，臀部的肉比較厚，而乳房也比較大。

尤其是唇好像往上翻，而且非常潮濕，則就表示性發育良好。因此，無法控制情慾，可能容易引起異性糾紛。

而男性則是精力旺盛，從疲勞和疾病中恢復的力量很強。尤其在說話的時候，口沫橫飛的人表示耐性極強。

還沒有達到目的之前，即使遇到任何的阻礙也絕不放棄，是理想的營業員、推銷員。在工作上燃燒熱情，而對於女性也非常的執著。其魅力就來自於這個厚唇。

而女性在無意識當中，會擁有一種想要被人親吻的願望。

●上唇較薄，下唇較厚

這是最標準的唇。原本唇上下的厚度大多不均勻。像國人，上唇較薄、下唇較厚的人佔了將近四成。

下唇較厚，也要考慮強度的問題，譬如說厚度為上唇的二倍或三倍，或是一・五倍等等，可以將性格分為三種。

二倍型的人，大多是英俊開朗的男性。微笑時充滿清潔感。像反町隆史就是這個典型。在二十五歲以後可以發揮實力。

三倍型的人如果是女性，會讓人覺得是屬於性開放的人。非常早熟，在十幾歲時就可能引起性方面的麻煩。而男性，則是屬於情緒不穩定的人，很容易厭倦，但是對女性很親切。懂得與人交往，朋友很多。像三田村邦彥、小室哲哉就是這個典型。

最後是一・五倍型的人，性格上是屬於比較理想的人。感情起伏較少，不容易生氣，也不會樹立敵人。不論男女，都非常的節制，能夠享受穩定生活型。根據美國心理學家克曼的調查，七八％的天才都有這種一・五倍型的唇。

除了以上三種之外，還有下唇較厚，好像突出似的口，就是所謂的「承接口」。這一型的男性經常追求新的東西，不安於現狀。像已故的作家松本清張就是這個典型。

東方的人相術，認為這一型的人容易和年長者出現意見對立的情形，而且是喜歡諷刺別人的人，不過成為批評家或個人型的實業家，成功的例子並不少。

●上唇較厚，下唇較薄

女性較多見，男性比較少的例子。這一型的女性，母性本能極強，喜歡愛人甚於被愛。所以對於社會福利事業深表關心。

東方的人相術，認為這一型的女性體貼，會犧牲奉獻。像藥師如來像大多是擁有這種口。

此外，上唇較厚的女性當中，有些則是容易成為男性犧牲品的人。其典型就是中森明菜和則田亞矢子。

如果是男性的話，意志薄弱，沉溺在女性關係中，在工作上容易半途而廢。武田真治就是這一型的人。

【耳——能夠了解財運】

億萬富翁都有「大耳」

被雜誌選為世界上億萬富翁的一百人，將他們的臉仔細分析以後，會發現一個清楚的傾向。雖然工作形態不同，但是這些成功者的人相有一個共通點，就是「耳」很大。億萬富翁都是耳上下突出，擁有大耳。

雖然耳朵小，但是卻是有錢人的例子，一百人中只有二人而已。而且這二人，雖然耳朵小，可是形狀卻富於個性。

耳朵小的人，很遺憾的是並沒有賺錢的機會。但是耳朵小的人，能夠發揮力量，獲得成功的工作就是電腦相關工作以及技術方面的工作。從事電腦軟體工作的投機企業老闆，比一般的上班族而言，耳朵比較小。

耳朵在臉的側面，頭一次見面時，可能不會注意到耳朵。不論東方或西方，自古以來在人相學上，關於耳的記述，原比鼻或口等其他的器官少。

但是耳卻有超乎想像以上的重要作用。

美國電影，在影史上留名的名作，就是「亂世佳人」。因為這個電影而一躍成名的就是克拉克．蓋伯。他在還沒演出這部電影之前，是一個默默無名的角色。看到他大耳朵的導演，認為他非常適合「亂世佳人」的主角形象，因此拔擢他擔任主角。藉著耳朵就使他的人生有了光明的未來。

在發生學上，認為耳是和臉有密切關係的器官。胎兒時期，在臉上最初發育的就是耳。耳可以說是臉各部分的縮影。發生學認為耳的上部，就是臉的眼睛以上的部分。而耳的中心部則和鼻子、臉頰有關，耳的下方和口、下巴等部分有密切關係。

梵谷為何要割下耳朵

平常不會注意到的「耳」，一旦我們的情緒開始異常的時候，就會注意到這個部分，的確是非常神奇的部分。

梵谷是一位精神不穩定的畫家，當他停留在法國南部亞魯的時候，用刮鬍刀割下自己的耳朵。

梵谷和畫家朋友高更一起生活。但是，實際開始共同生活之後，發現性格和想法有很大的差距，因此梵谷精神不穩定。有一天，暴躁情緒發作，他就很想用刮鬍刀割下高更的耳朵。

高更因為梵谷的異常行動感到非常害怕，於是離他而去。不久之後，梵谷就割下自己的耳朵。可能是因為沒有割下對方的耳朵感到很生氣，因此割下自己的耳朵吧！

在平常生活中，不會特別注意到的耳，在充滿不滿或不信任感的情緒高漲時，會變成何種情況呢？

接下來探討一下耳的機能就能了解了。耳是聽對方說話，了解對方想要說的事情而意識集中處。同時為了讓對方了解自己的想法，或是想要了解對方的心情，就會將意識集中在耳。

因為研究兒童畫而著名的克雷那夫等許多學者研究發現，在人物畫中省略耳朵這個部分的孩子們，對於父母產生不信任感，而且出現反抗的傾向。

耳在人際關係上是重要的部分。梵谷想要割掉高更的「耳」，可能是覺得高更不了解自己——不聽自己說話，因此，非常在意他的「耳朵」，而想要割掉他的耳朵。

可能是因為沒有割掉高更的耳朵，連自己說的話也不想聽到，於是割掉自己的「耳朵」來消除不滿的情緒吧！

麥克·泰森在拳擊戰中咬住對手賀里菲爾德的耳朵，展現強烈的對抗心，可能就是這種心理作祟吧！

人類的耳朵留有「往日的痕跡」

比較動物耳朵的形狀，會發現作戰能力愈弱的動物耳朵愈大。大耳朵上下左右移動，能夠敏感的掌握「音」。因而能夠避免遭受攻擊的危險。

此外，如果是較弱動物的耳朵位置，為了對於外界的聲音有敏感的反應，所以會位於較高處。而形狀方面，為了要能夠聽清楚聲音，所以呈扇狀展開。而不須要敏感反應的動物，耳則在較下方的位置。

生物學上認為人類的耳，以前和現在的形狀不同，以前可能是像兔子或是狐狸的耳朵一樣，是尖尖的、朝上的。可是隨著培養了防衛力之後，耳朵不需求太過於敏感，因此尖形的耳朵形狀就消失了。

但是人類的耳朵上還是留有往日的痕跡。耳上部的一端是尖的，就證明了這個痕跡的存在。

而發現這一點的，則是因「進化論」而著名的達爾文。因此這個耳朵尖的部分稱為「達爾文結節」。

現代已經不再是具有保護自己免於外部敵人攻擊的危險，而是用來傾聽他人的說話，具有注意周圍的人談話的重要作用。

在人際關係上，積極的表示關心，人際關係範圍廣大，能積極展現行動的人，耳朵較大。

我認為觀察耳最重要的部分，就是耳垂的形狀。

愈有智慧的人愈沒有「耳垂」

耳的下方大致分為二種形狀。一種就是沒有耳垂，與頸部順利相連的「黏連型」，另外一種就是有清晰耳垂的「游離型」。

根據順天堂大學的進藤勝雄教授調查，日本男性約五十%，女性約五十五%都是沒有耳垂的「黏連型」。事實上沒有耳垂的人較多。

可是與西歐人相比時，發現日本人有耳垂的「游離型」非常的多。關於人種別調查，請看後面的表。

此外，耳垂的形狀與體質有密切的關係。針對一二〇名胖子和瘦子進行調查，發現胖子沒有耳垂的人佔整體的二八・五%，而瘦子約佔五八・二%，也就是說，瘦子大多是沒有耳垂的人。

以職業來看，學者、藝術家、技術者、醫師等從事智慧工作的人，大多是沒有耳垂的人。此外，具有音樂才能的人，也大多是屬於這種耳垂。

另外一方面，有耳垂的人，臉下方的臉頰和下顎發達的男性較多，像

人種別「耳垂」的形態

	游離型	黏連型
波里尼西亞人	15.0	85.0
德國人	25.3	74.7
義大利人	26.5	73.5
中國人	38.0	62.0
日本人	41.0	59.0
俄羅斯人	41.9	58.1

日本人與西歐人相比，是「有耳垂」的人種。

政治家、實業家等居於領導地位的人，一般而言耳垂較大。在日本各界活躍的二百位名人，調查他們的耳朵時，發現有耳垂的人佔整體的七十％以上。

耳垂的形狀，會隨著個人生活和身體狀況的變化而產生極大的變化。尤其在十幾歲到二十幾歲時，容易產生這個變化。職棒選手一郎在這個時期非常活躍，結果耳朵突然變大，就是很好的例子。

●黏連型

沒有耳垂型的人，神經敏銳，熱心研究，具有頑固的一面。但是不喜歡冒險。這種「黏連型」又包括完全沒有耳垂型，或者是略帶圓形，好像舌頭一般形狀的耳形。

沒有耳垂型，下巴細瘦，整個臉較為細長。這一型的女性比較高貴，嚮往高級的東西，在裝扮和化妝上都會非常的注意。相反的，略帶神經質，會因為一點小事而生氣動怒。

沒有耳垂型，而耳的上方好像狐狸耳朵一樣長長的男性，屬於學者型

日本職棒界，號稱天才的一郎，耳垂是「黏連型」。那種完美主義者的打擊方法，是喜歡熱心研究的「黏連型」的特徵。

的人。容易擁有脫離現實的想法，是理想主義者。像諾貝爾科學獎得主湯川秀樹博士、朝永振一郎博士，就是擁有這種耳型。

其次，整個耳略帶圓形的人，像中田英壽就是這種耳朵。擁有這一型耳朵的人，不論男性女性都有不服輸的個性，自我主張強烈。女演員經常看到這一型。

是容易發胖的體質，在臉的下方，也就是臉頰和下巴比較發達，性格開朗，富於社交性。

●游離型

耳垂游離型的人，一般而言比較男性化，具有行動性格，這一型的人又分為「垂耳型」和「隆起型」二種，性格差距很大。

垂耳型是持續不規律生活的證明。過著不規律生活，容易形成垂耳。過著這種生活，當然在異性問題上容易引起麻煩，在賭博上也容易失敗。

從犯罪學的觀點研究耳型的，是英國犯罪心理學家基爾馬，他的報告顯示犯罪者很多是垂耳，一般人垂耳大約為十三%，而犯罪者則為其三倍，將近四十四％。

垂耳的人雖然個性怪癖，可是在工作方面卻能發揮其個性而獲得成功。

女性垂耳者，以中年以上的人較多見，實業家或議員經常看到這一型。

另一方面，並不是沒有頸部的垂耳，而是肉厚，形狀隆起的耳垂稱為「隆起型」。東方人相術將其視為是理想的耳垂。一般的佛像，大多屬於垂耳型，像筋骨壯碩的金剛力士像等守護神，大多有這種耳。

擁有隆起型耳垂的男性，具有忍耐力，非常的魁梧。不拘泥於細節，感情也很少表露於外。不管從事何種職業，都能夠發揮水準以上的能力而獲得成功。

這一型的人，與下顎的發育有關，下顎豐滿的話，則耳垂會隆起。像政治家龜井靜香的耳朵就是這個典型。

相反的，如果是女性的話，則會產生一種太過於男性化的印象而蒙受損失。像戰前的日本女性，非常流行蓋住耳朵的髮型，理由就在於此。耳垂較大的女性，一般而言鼻子比較大，而性器的發育也比較理想。

也就是說，耳的感受性與女性本身的性意識相結合，耳垂較硬的女性，對於刺激非常的敏感，具有尋求強烈刺激的傾向。

耳朵並非愈大愈好，利用耳來判斷財運

關於耳的形狀，最重要的就是耳的上部與中部的平衡。

耳的形狀，上部大而突出，中部狹窄稱為「上部優勢型」，如果全體細長，而上部、中部比例相同，則為「均等型」，中部特別隆起稱為「中部優勢型」，如果像狐狸耳朵一樣，上部尖尖的稱為「變則型」，一般分為以上四種。

現在就針對各型，來探討對於工作的領導能力以及財運吧！

●上部優勢型

充滿智慧，富於判斷力，喜歡思考而不喜歡行動型。上部充分突出，智能較高，是財運較強的耳朵代表型，尤其與臉達成平衡的上部優勢型的

耳朵，會自然召喚財運。

朝上方突出，則表示整個臉的額頭部分比較發達，因此，具有智慧的判斷力及良好的分析力。

這一型的典型就是前首相佐藤榮作以及前松下電器會長松下幸之助。

●均等型

冷靜，不會將情感表示出來的一型。耐性極強。

如果是男性，稍微女性化、神經質。但是，卻是雄辯家，具有說服力。可能藉著當人家養子或者是婚姻而掌握財運，具有守住金錢的能力，而且具有很好的投機才能。適合擔任幹部或是主持人。

●中部優勢型

著名的發明家中松義郎就是這一型。三種耳朵的形態當中，具有最好的掌握金錢技術。同時富於創造力，能夠產生各種的構想，能夠成功的賺錢。但是，具有騙子的傾向。

●變則型

具有特異性格的人較多見的一型。耳的變形與精神病氣質有密切關係，根據形態心理學家賀尼威茲的研究，具有變則型耳朵的人，容易出現頭蓋變形的分裂症患者。但是，正常人當中也有很多的變則型，這一點各位不要忽略了。

這些人不喜歡過著都市上班族穩定的生活，而喜歡發揮特殊的才能掌握財運，在十幾歲到二十五歲時，會有很好的機會。與修長的長嶋茂雄領隊成為對比，給人謀將印象的養樂多隊的野村克也領隊，他的耳朵就是這種變則型。

【臉左右的平衡與皺紋——由「生活方式」製造出來的】

臉左右不平衡是危險信號

先前已經敘述過，人的臉並不是左右對稱的，但是我們經常看到左右眼睛大小差距很大，或眉毛形狀左右不同的臉。東方自古以來的人相術認為，這一種左右明顯不平衡是非常危險的訊息。

左右大小差距很大的眼睛稱為「雌雄眼」。其名稱意思是一隻雌的眼和一隻雄的眼，共存在一個人臉上的意思。右眼像女性的眼一樣溫柔，但是左眼卻像男性的眼一樣，具有強大的力量，這種不平衡的眼稱為「雌雄眼」。

但是，這種不平衡的左右眼，暗示個人的習慣較強。比如說壓力高漲，或是在組織中與周圍眾人在協調上，覺得困難重重的人，較多出現這種臉。

臉的不平衡，不只是限於眼睛。像嘴巴左右歪斜的情況經常出現。唇的右端朝下，而左端朝上，造成左右不平衡。

調查臉的各部分，檢查哪一個部分左右不平衡，就可以了解個人的心理狀態以及身體的狀況。

出現在額頭上的水平紋，左側與右側特徵不同。有的左側是筆直的，而右側則是朝下的，或者是出現在額頭的右側，而左側卻沒有看到。

先前已經說明過好幾次，臉的右半邊和左半邊表現不同的意識，而機能、心理也有不同的表現。這左右的差距導致皺紋的不平衡，或者是表現在左右的口或眼的不同上。當看著正面的時候，調查脖子，發現有的人是挺直的，而有的人則朝左右某一邊歪斜。

神戶A少年事件，當時的大眾傳播媒體，拼命的找出少年的臉部照片來。

某個週刊雜誌記者，看班上同學的照片，立刻直覺的認為「一定是這個少年」而找出A少年的臉。

因為只有他一個人脖子是歪斜的。眼睛的大小和位置左右明顯的差距，不但如此，而且他並不是看著正面，而脖子是歪斜的。因為這都和大家不同，所以記者立刻就找出A少年。

在幼兒期經常出現「側著頭」的表情。這表示兒童需要父母「對我更溫良一點」的心情，是一種「求愛」姿態。

在死去的黛安娜王妃身上也看得到這種姿勢。當和別人說話時，不知不覺中就會側著頭。調查黛安娜王妃的紀錄照片，發現她在少女時代就已經有了這個動作。

皺紋是人生的履歷表

臉部和頸部出現各種的皺紋。孩提時代沒有的皺紋，隨著年齡的增長會增加，這是無可厚非之事。但是，皺紋不光是會隨著肉體的老化而增加，也會因為體調的變化而消失或增加。

長期曝曬在陽光中，皺紋會增加。阿拉伯地區的女性大多裹著頭巾，不光是因為不希望讓別人看到臉，而且是為了保護臉，避免陽光的照射，防止皺紋的產生。

皺紋原本是臉的表情肌反覆製造一種表情而造成的結果，此外，因為平常與他人接觸方式或情感的表現方式，也可能會製造出皺紋來。

生氣時，眉毛往上吊，因此眼睛周圍有皺紋出現。高興時，嘴唇放鬆，會出現笑紋。如果連續承受痛苦或是悲傷的事情時，臉上會形成皺紋。

在日常生活中，雖然討厭卻不能夠說不，雖然寂寞卻必須要表現出堅強的一面，這種情形經常出現。而這種微妙感情的表現，就形成複雜的臉部皺紋。

製造臉部表情的，是在臉內側的「表情肌」。臉有一百種以上的表情肌，具有複雜的關係，製造出「表情」來。高興時，經由來自於腦的指令，刺激表現高興的「表情肌」而製造出高興的表情來。

隨著表情肌的動作，臉表面會製造出皺紋，所以可以說皺紋就是展示一個人經常表現出來的情感傾向。看皺紋就可以了解這個人的性格。

法國醫師都巴爾，認為人類臉上主要的表情肌有憤怒、驚訝、喜悅等十二種。

幼兒和少年的額頭沒有皺紋。在不需要靠自己的判斷來做出決斷時，就不會出現皺紋。但是到了四十歲時，幾乎每個人額頭都有皺紋。

和媒體王馬德克攜手合作，取得朝日電視台股票，成為話題的孫正義的臉，他的額頭上就沒有皺紋。他靠著自己的感覺以及靈感，展現大膽的行動。這個人出生於一九五七年，當然額頭上應該是出現橫紋的年齡了。

一般而言，額頭上會出現三條水平紋。過了四十歲以後，皺紋會出現。而孫先生就沒有出現，可見得他在三十歲之前，在環境以及與人相處上都可以隨心所欲的生活。在業績不振的傳說中，今後孫先生皺紋的變化，的確是頗耐人尋味的話題。

以皺紋出現的方式來判斷壓力的種類

臉部皺紋不只表現感情和心理狀態，也因年齡的不同，有一些是會明顯出現的部分。一般而言，三十歲左右當戀愛關係或人際關係的壓力較多時，眼睛的周圍和鼻根、額頭就會有皺紋出現。

四十歲以後是老齡化時期，口唇周圍和下顎周圍的皺紋較多見。頗耐人尋味的就是從年輕到中年時，感情起伏劇烈的人，等到老齡化時，象徵情感表現的位置會出現明顯的皺紋。

年輕時非常煩惱，對於事物想法太過於擔憂的人，是屬於緊張度較高的人，所以眉間表情肌隨時保持緊張。一旦老化之後，眉間的皺紋會比較長。

這部分的皺紋不是二條，如果只出現一條長長皺紋的人，表示是相當頑固的人，遵守自己的信念，絕不輕易妥協。

●鼻根的一條皺紋

如果說，某個人經常能量集中在某處時，則他的鼻根就會出現一條皺紋。

小澤一郎的鼻根出現這種皺紋。這一型的，雖然有能力，但是會有封閉在自己殼中的傾向，因此會造成不良的影響。雖然晉陞到大關（次於「橫綱」的高級角力家的稱號），但是遭到挫折的前大關小錦的佐佐山親方也有這種皺紋。

●眉間上的短橫紋

不管做什麼都覺得不滿意，是不滿的象徵。無法接受他人，也無法坦白表達自己的情緒，是表現非社交性的皺紋。

●「魚尾」紋

魚尾紋，這是屬於賣弄風情的紋。年輕人出現這種皺紋，表示很喜歡撒嬌、八面玲瓏的人。有的人雖然臉笑，可是並不是打從心裡笑。對於異性的關心度非常強。像松坂慶子就是這一型。

●眼角的小皺紋

悲傷、寂寞表情較多的人，眼角的小皺紋較明顯。這也是對於部屬或晚輩感覺不滿，或者是期待遭到背叛時受到打擊，滿腹牢騷的訊息。有時對自己的能力或是地位過度自信，也會出現這種皺紋。像三洋證券和山一證券的幹部就出現這種皺紋。

●口兩端的皺紋

口兩端出現直向、不規則的紋，稱為「不安紋」。當這個紋出現時，表示是在持續難以忍受的痛苦生活方式中。也是疾病的前兆。像晚年的橫山以及因洛克希德飛機公司事件而引發醜聞的已故金丸信的臉，這種皺紋很多。

●鼻兩側的皺紋

出現在鼻兩側的皺紋是好奇心的表現。尤其性好奇心較強。雖然喜悅、快樂，但是不會將自己的真心直接表現出來。也是偷窺慾望較強時會出現的皺紋。像性犯罪者或者是色情狂的人，他們的臉上就會經常看到這種皺紋。

●口兩端的水平紋

非常驕傲，有輕蔑對方之心。期待周圍的人對自己尊敬與信賴時的皺紋。對於地位、名譽非常嚮往的人。政治家、實業家、宗教家的皺紋。像小澤一郎在新進黨分裂之後不久就出現這種皺紋。

●鼻兩側有八字紋

是疲勞、嫌惡、無氣力的表現。經常嘆氣的人一定會出現這種皺紋。失戀或被自己所相信的人背叛，或者是心理壓力高漲時，女性的臉上經常出現這種紋。

【鼻——表現在社會上的成功度】

國人沒有察覺到的矮鼻子魅力

雖然哲學家帕斯卡有一句名言說：「如果埃及豔后的鼻子再低一點的話，就會改變世界歷史。」但是鼻子的確是臉上非常重要的部分。就算不談及世界的歷史，可是會輕易改變個人歷史的就是「鼻子」。

國人當中，有很多的人希望自己的鼻子再高一點。事實上，整形外科中最受人歡迎的就是割雙眼皮以及隆鼻術。

像日本和歐美的鼻子，是大家在臉當中非常在意的部分，事實上，有的女性因為別人說鼻子長得不好看而自殺。

有趣的是，國人希望鼻子高，而外國人反而希望鼻子低一點。像碧姬芭度的低鼻子，給予人巴黎風情的感情，像日本女性也能受到外國人的接受，可能就是因為小而可愛的鼻子造成的影響。

太高的鼻子被稱為「猶太鼻」，不論是男性或女性都不討喜。在歐美，會將太高的鼻子和醜陋的臉聯想在一起。

我可以說國內的女性並沒有察覺到自己低矮鼻子的魅力。就好像充滿性魅力的單眼皮一樣，小而可愛的鼻子應該是值得驕傲的事情。任意去做隆鼻術，墊高鼻子，臉看起來更奇怪，讓人感覺不到女性的溫柔。

鼻子的形狀、鼻孔的大小會受到生活環境的變化而改變，這是經由人類學的研究而得知的事實。

例如，熱帶地方和寒帶地方的居民，他們鼻子的形狀不同。熱帶地方鼻子較大，鼻孔較寬，而寒帶地方鼻子較小。

鼻子長度為一百時，鼻子橫幅比例（稱為鼻示數，用來進行人類學的計測），以人種別來加以調查研究時，發現結果如下：

亞洲人	七十
歐洲人	七十以下
熱帶地區的居民	八四

由這個資料可以知道，熱帶居民的橫幅較寬，擁有短鼻，而居住在寒帶的愛斯基摩人則鼻子橫幅較狹窄，擁有小鼻子。

同樣是日本人，東北地方的人和九州地方的人相比較時，東北地方的人鼻子比較小。像秋田美人，鼻子的長度平均為五十三公釐，高度平均為十六・五公釐（根據人類學家杉本元裕的調查），鼻子非常的小。

人相術的研究方面，堪稱日本第一人者的前東京醫科大學教授高間直道，則說「鼻子是全人格的表現」。他認為只要觀察鼻子，就能夠判斷出這個人的體型和人格。

智力、行動力、精力表現在鼻子上

利用鼻子進行人相判斷時，由於自古以來認為鼻子的形狀是男性的象徵，因此，很多人會把他和男性的性能力結合在一起來探討。

「真是值得依賴的鼻子」，同時也意味著在性方面值得依賴。

此外，鼻子與我們的自我和智能的發育有密切的關係。脫離幼兒期，智能開始發育，能夠靠自己的判斷展現行動時，鼻子急速增長，形狀也改變。由此可知，智能的發育與鼻子的形狀有關。

接下來具體教導各位，利用鼻子的形狀了解智能、行動力、領導力以及性行為強弱的判斷方法。

決定臉部印象的一大要素，就是鼻子的横幅。其重要性不亞於眼睛，鼻子横幅較寬的人，看起來野性、具有行動力，是精力旺盛的人。而另一方面，鼻子横幅狹窄的人，看起來害羞、溫馴，給人孱弱的印象。

鼻子横幅分為「標準型」「寬鼻」「窄鼻」三種形態。到底從何處來區別呢？也就是說從兩眼的內側一端畫垂直線，看鼻子露出線外的程度來決定。如果與眼和眼之間的間隔相同的話，或是稍寬的鼻子稱為「標準型」，而如果更寬的話稱為「寬鼻」，更窄的話稱為「窄鼻」。

鼻子的横幅依年齡、性別或地區的不同而異，反過來說，看鼻子的横幅就可以知道這個人，是像男人還是像女人，甚至可以判斷他的出生地。

一般而言，兒童鼻子的横幅為二十五公釐左右，而眼和眼之間的間隔為三十公釐，也就是說，鼻子狹窄了五公釐左右。而大人的話，男性鼻子橫幅為三十五到四十公釐，女性為三十三公釐左右。眼與眼之間的間隔，男性約為三十五公釐，女性為三十三公釐左右。尤其被稱為美人的女性，眼與眼的間隔和鼻子橫幅一致。一般人來說，鼻子的橫幅從孩提時代到長大成人之後，會逐漸的寬廣，而男性會比女性更寬。

以人種來看，白種人鼻子橫幅狹窄，黑人鼻子寬廣。像國人則屬於中間型。

●窄鼻

女性或兒童，一般而言鼻子橫幅狹窄的人較多，而男性鼻子橫幅就比較寬了。像安室奈美惠或者是知念里奈等小臉的明星，大多具有窄鼻。

因此，如果男性是窄鼻的話，則具有女性的性格，過於害羞，太專注於細節。雖然擁有才能，但是缺乏行動力、決斷力，因此在十幾歲二十幾歲時，無法得到好的機會。

鼻子狹窄，但是形狀整齊的人，體型也比較修長，下半身細瘦。鼻子橫幅與性的發育和性荷爾蒙有關。窄鼻的人性器較小，而且精力較弱。

但是窄鼻在三十歲時會逐漸擴張。尤其，過了三十歲以後，相當活躍的人，鼻子橫幅會擴張更多。

窄鼻的女性，從十幾歲開始就很有男性緣。尤其，鼻翼形狀修長的女性，大都臉和身材非常好，所以具有掌握男性真心的性魅力。此外，也具有美感。但是，窄鼻女性大多生殖器官發育不全，一旦懷孕時，有難產之虞，必須要注意。

就財運方面來看，一般而言，窄鼻的人比較吝嗇，太過於仔細計算，無法掌握大財運。相反的，藉著這一種步步為營的性格，在金錢上也不會太辛苦。

懂得管理金錢，在公司適合從事經理部門的「金庫負責人」工作。像明石家鼻子的形狀就是屬於這一型。而大竹忍會失敗，就是他對金錢錯誤的想法所造成的。

●寬　鼻

鼻子的橫幅愈寬表示性格愈外向，愈寬表示智商愈低。寬鼻的男性具有行動力，即使遭遇一些失敗也不會憂鬱。像話題很多的獨賣新聞社社長渡邊恒雄，就是這種典型的鼻子。像政治家或實業家等成功的人，都具有橫幅較寬的鼻子。

女性的話，則具有勝過男性的任性性格。像匿稱為自民黨女首領的森山真宮就是這一型。

很多的人會誤解，像東方占卜術自古以來就認為「鼻子愈大，性器愈大」，但事實上不是鼻子的長度，而是其橫幅和是否有肉的問題。

寬鼻的人，金錢出入較多。但是，卻具有製造金錢的天生才能，看起來好像窮困潦倒，但是卻有豐富的構想能夠賺取金錢。像中內功社長兼會長就是屬於這一型。

但是這一型的人，從正面看的時候，如果鼻孔看起來較大的男性，是比較浪費的人，甚至比較極端的例子，是一夜就可能破產了。

●標準型

鼻子橫幅為三十五公釐左右，眼與眼的間隔大致相同的人，身體發育良好，尤其上半身的骨骼壯碩。適應性極強，對於所交付的工作能夠忠實的實行。如果是女性的話，也是具有理想的性格。是賢妻良母型的家庭女性。

「人中」愈長愈能出人頭地

通常「人中長」是指好色男人。但是具有領導能力，非常的活躍。備受矚目的人，一般都是屬於人中較長的人。人中比較短或是不發達的人，幾乎沒有人能夠獲得成功。

古代傳下來的人相術，將鼻下的部分稱為「人中」。而這個「人中」通常都會形成二條平行的直紋。

「人中」是了解男性的將來性和能力的重要部分。在委內瑞拉電影節，得到大獎的北野武，最近人中非常的長。

締造佳績的運動選手，這個「人中」會隆起。而女性這個部分愈長的

著名的電影導演北野武，成功的關鍵在於「長人中」

人愈具有行動力，在工作方面也能發揮才能。

需要發揮團隊精神的足球和棒球等運動，如果人中隆起者愈多的隊伍，則整體的行動力就能提升力量，成為強隊。

在美國職棒大聯盟中，非常活躍的選手野茂英雄，他臉上的「人中」高高隆起，好像腫起來似的二條溝清楚的出現。而一郎選手的口也同樣出現這種「人中」。那麼藉著「人中」能夠掌握個人的性格到何種程度呢？我們來探討一下。

●清楚的人中

鼻下皺紋較深，明顯平行的臉，臉頰和口周圍的表情肌發達。富於精力，具有行動力的人，皺紋也愈深。不喜歡接受他人的指示，喜歡體會自己成為領導者的喜悅。在工作上，對於賺錢充滿慾望，但容易獨斷獨行，由於過於自信而使人際關係不太好。其典型就是中內功會長。

●幅度狹窄的人中

口和顎的表情肌不發達、軟弱的人，人中不清晰。缺乏耐心，任何事情都無法長久持續。雖然對各種事物都具有好奇心，但是容易半途而廢。不過，這種人非常的熱情，不會背叛他人。但是，反而太容易受到對方的指揮。像因為『鐵道員』而得到直木賞的作家．淺田次郎就擁有這種人中。

●他尖端寬廣

鼻下有很多的肉，而又隆起時，人中會擴散成八字型。這種人是最具有行動力的一型。一旦決定目標之後，就會衝破難關，勇往直前，即使遭遇失敗也不在意。不會依賴他人，只想靠自己的力量努力的人。在大組織中，能夠發揮領導者的才能。像民主黨的領導者菅直人就是這個典型。

●人中彎曲

人中彎曲意味著臉左右發育不平衡。對任何事情都不會感到滿意，欲求不滿的人，其人中較為彎曲。喜歡變化，反抗心極強，因此容易遭受誤解。對平凡事物無法感到滿足，在工作上，可能會得到大成功或大失敗兩個極端的結果。女性像澤田亞矢子就是這一型。

●人中朝下，狹窄

是野心家，隨時擁有挑戰的慾望。能言善道，具有說服力，但是言行不一致。在人際關係上遭遇失敗的話，主要的原因就是言行不一致。其典型就是伊良部秀輝投手。

●有橫切人中的水平紋

對於異性欲求強烈的人。和同性說話與和異性說話時完全判若兩人。尤其，女性如果出現這個皺紋的話，戀愛時會死心塌地。山田邦子和江角卷子就出現這種皺紋。此外，因為男女問題而出現醜聞時的松田聖子也出現這種皺紋。

由「法令」得知財運、事業運

在不動產和投機事業上，力量強大的人，人相上會出現與普通人不同的特徵。他們共同的特徵就是鼻子的形狀。鼻子和耳朵表現財運的強弱。鼻子小的人，很少人在股票和不動產上獲得成功。

但是，與鼻子形狀同樣重要的，是從鼻子兩側延伸成八字型的皺紋，這個皺紋稱為「法令」。在三十歲以後，「法令」不清晰的人，沒有財運或事業運。法令所代表的意義如下：

●大而寬的法令

具有普通人無法想像的夢想，而且，為了實現夢想會不斷的努力。希望能夠同時得到精神滿足感以及社會的地位。

這一型的人，具有將實際與夢想的鴻溝，加以巧妙調整的能力。因此，能發展別人所想的構想，推銷到企業中，同時擁有能夠製造金錢的方法、能力。像歷史上的一些大人物當中，很多人都有這個法令。像日本前首相吉田茂、邱吉爾等，都是屬於這個典型。

●長法令

這一型是屬於掌握人心的領導型。對於只賺取小錢或是平凡的事情不會感到滿意。具有很大的理想，清楚的訂立將來的計畫，希望能夠得到更多利益型。對於金錢具有非常細密的判斷力，能夠進行冷靜的分析。而且非常懂得使用金錢，絕對不浪費。

●愈往下愈狹窄的法令

這一型的人對金錢太掉以輕心了。可能是不太執著於金錢吧！有時候一大筆金錢進來，把荷包塞得滿滿的，而有時候卻完全沒有錢，非常的窮困潦倒。尤其是在幸運的投機或投資上，可能一個晚上從窮人變成富翁，但也可能因為不幸的結果，而一個晚上變得身無分文。

●中途斷裂的法令

對自己地位及名譽的慾望，比對金錢的慾望更強，因此太過於愛慕虛榮，會超出必要以上的浪費。所以不只是自己的錢，連家族以及公司的錢，都可能以交際費的名義使用掉了。

這一型的人，如果不在意外表的虛榮或者是別人的看法，非常吝嗇的話，結果會造成何種情況呢？像在泡沫經濟全盛時期的經營者，大多是屬於這一型。代表例就是「桃源社」的佐佐木吉之助社長。

●左右長度不同的法令

這一型的人，在熱中於賺錢的時候，心中也追求著精神的滿足感。具

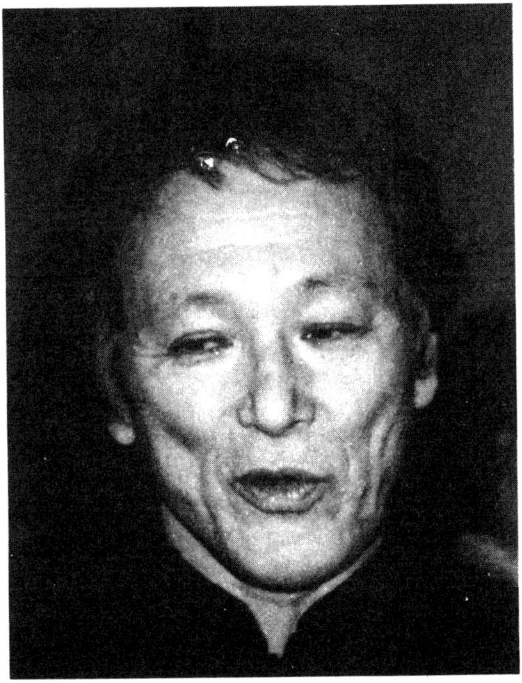

自殺的伊丹十三的「法令」左右長度不同。這一型的人，在意想不到之處容易受騙……

有極高的理想，會慢慢的實現自己的夢想。

此外，具有非常好的構想及獨創力，能夠想到普通人想不到的事情。但是有時太過於脫離實際，可能會在出乎意料之處被人欺騙而蒙受損失。像六十四歲自殺的伊丹十三就是屬於這一型。

【下顎——雄偉的象徵】

下顎的形狀是「意志力」的象徵

「形態心理學」的臉分析，非常重視這個下顎的形狀。長期調查臉的變化，會發現這個部分，隨著自我的發育而有很大的形狀變化。

下顎最下方的部分，表示精力和體力，而下顎前端的形狀，與個人的意志力特別有關。

下顎前端的形狀，大致分類如前頁插圖所示的五種形態。

五種下顎的形狀

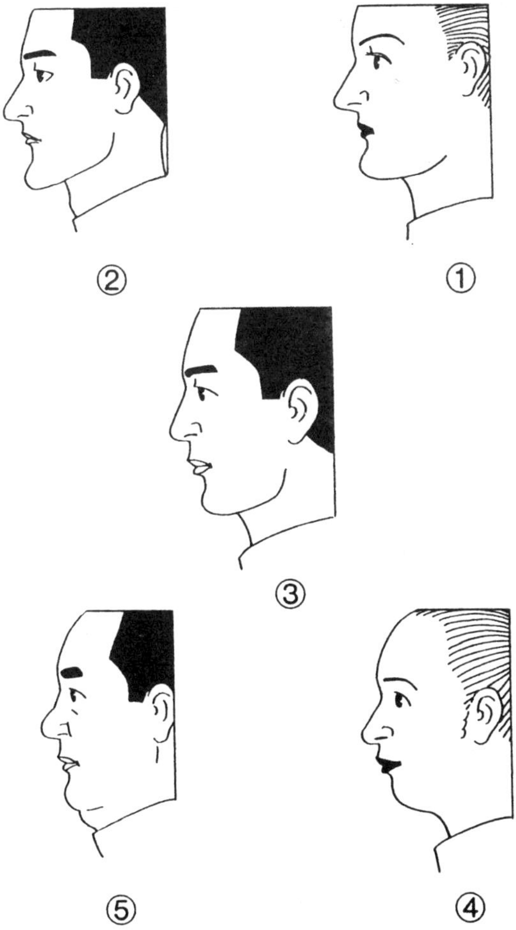

其中①型下顎的人，不論男女，都表現強烈的意志力。

這一型的典型就是甘迺迪總統夫人賈桂林。而其行動力和意志力在總統死後，就表現出來了。此外，以悲劇結束一生的黛安娜王妃，她的下顎前端也屬於①型。

而男性如果這個部分如②型所示，肉不多的話，表示意志力薄弱，容易迷惘的性格。像經營者或者是在生意上成功的人，下顎前端都不會很細。

此外，與鼻和口呈一直線的③型下顎，表示具有穩定的意志力以及平衡感。

而如④的下顎，前端後退型的人，與②類似，欠缺意志力，具有容易迷惘的性格。但是相反的，也充滿同情心和溫柔。

如⑤般的雙下巴，下顎前端肉較多的人，是屬於現實主義者，防衛本能較高。嚮往的不是精神方面，而是物質方面的滿足。下顎愈堅實，表示愈有忍耐力和反彈力。此外，內臟系統強健的人，大都屬於這一型。

第四章

一看「臉」就能了解！ 相合性、不合性

——成功的關鍵在於臉型的組合

「運」是由和誰組合而決定的

現代國內，不論經濟、社會都迎向極大的變動期。以往很順利的作法，也許現在已經不適用了，甚至，一些著名企業都面臨倒閉的危機。

在這種情況下，能夠度過苦難，克服困難的有力方法，就是不光靠自己一個人的努力，而要找尋好的協助者。

自己能夠辦到的事情畢竟有限。能夠得到多少同伴的支持，選擇誰當合作的伙伴，如今已是非常重要的關鍵了。

以政治家來考量。像戰後政治世界中，非常活躍的人當中，有很多人都得到很好的伙伴。

代表例就是日本前首相田中角榮。因為洛克希德飛機公司事件，最後留下悔恨結局的田中角榮，以往的政治活動，包括名留青史的中日建交等，的確是非常輝煌。

田中角榮在政界嶄露頭角，是在二十八歲時。擔任第二次吉田茂內閣的法務政務次官，是因為「煤礦國管貪污瀆職」而遭到逮捕（後來獲判無罪）。一九四九年，三十一歲時在獄中成為候選人，再度當選，重新回到政界。促成其復活的一大原動力就是池田勇人、佐藤榮作（後來都擔任總理）這些伙伴。

在三十歲掌握機會的人，本身當然具有能力，但是擁有那些伙伴也是一大要因。

歐美將這些伙伴稱為「伙伴護衛艦隊」。原本是海軍用語的「護衛艦隊」，是指能夠在辛苦時從周圍保護這個人的「護衛艦隊」。而擁有這個護衛艦隊的人，就有強大力量。

但是「伙伴護衛艦隊」有各種不同的形態。不只是同事、同學或同鄉等的關係，性格也要非常類似。或者是不管自己有什麼想法，對方雖然不了解，但是卻能夠真心交往的同伴。如果在這個時候沒有這個人的話，恐怕自己絕對無法出人頭地。因此，想要出人頭地一定要有這種「命運的邂逅」。

「陰暗臉」會傳染

不管誰看起來都是一種陰暗印象的「陰暗臉」，一旦接近這種人時，接近的人都會變得陰暗。

即使具有優秀才能和運的人，如果和有「陰暗臉」的人一起生活或工作，漸漸的就會被捲入陰暗中，什麼事都不順利。

被視為自民黨年輕的接班人，大家都認為將來會擔任總理大臣的小澤一郎，他的臉雖然有「大臣臉」，但是卻沒有很好的同伴支持。像小澤一郎的協助者，前新進黨的幹事長西岡武夫的臉就是陰暗臉的典型。

西岡先生的下顎較細，給人神經質的感覺，口和眼睛也不明亮。就算他想笑，但是卻無法展露笑容。額頭皺紋較多。在電視上看到小澤—西岡的組合，不會給人一種光明的感覺。

現代的政治可以說是印象時代，實際上，即使很有進步、很有慾望，可是如果予人印象不好的話，一切都不用談了。追求的就是一種明亮。看到陰暗的臉，當然對未來不敢抱持太大的希望。

女性尤其不喜歡西岡的臉。西岡讓人產生在明治維新非常活躍時的倒幕志士的印象。在沒有電視的時代，也許很多人會對他們的組合產生共鳴，而加以支持，但是現代是電視的時代。臉的印象比政治家的政策更重要。

如果西岡能早點發覺自己臉的負面影響，發點功夫讓臉看起來更開朗些，可能小澤內閣會比橋本內閣更早實現。

橋本首相的臉看起來不開朗，可以說面無表情，不知道他在想些什麼，是屬於無感動型的臉，但是他的側近卻救了他。擁有開朗、圓臉的前官房長官梶山靜六，他的臉非常的好。此外，幹事長加藤紘一的臉也和他非常的類似，給人正面的印象。

搭配的相合性對於英國皇室的醜聞也造成影響。

查爾斯王子的臉，因為和卡蜜拉夫人的婚外情而變得愈來愈難看了。卡蜜拉夫人的臉不只是陰暗，而且看到她的人都會產生一種痛苦感。她很少展露笑容，嘴唇很薄，給人薄情寡義的印象。而隨著和查爾斯王子的交往加深之後，她的臉看起來更陰暗了。

古希臘人對於「相合性」有何想法呢

政治家或運動選手當中，有很多都會出現類似競爭對手的關係。像吉田茂在生理上好像討厭河野一郎，而巨人隊的川上哲治和長嶋茂雄之間的關係不睦，這是眾所周知的事情。沒什麼道理可講，好像生理上兩個人就不合似的，但是這種情形的確存在。

像這種不明原因的討厭，看到這個人時一整天都不愉快，這種一看就讓人沒有好感的人，不管是誰都曾經遇到過。

人和人之間的相合性也可以稱為是「生理的相合性」。古人對於這種「生理的相合性」是基於人相或手相、占星及血型來探討的。

古希臘人將人類的形態分為四種來探討性格運和相合性。他們認為創造大自然的四大要素「火」「水」「土」「風」，對人類的氣質會造成影響。

感情脆弱，個性溫柔的人具有「水」的要素，富於行動力的人具有「火」的要素，不斷努力的人具有「土」的要素，重視與他人的交往，喜歡變化行動的人具有「風」的要素。

對於「火」而言，「風」是必要的，所以具有火和風性質的兩人會互助合作，是屬於「相合性」的。而同樣的「火」和「水」，「土」與「火」，「風」與「土」則會互相傷害，具有負面的作用，是不好的搭配，屬於不合性。

「臉」的七種型態及其性格

利用第三章所探討的「臉」，了解個人的性格、適性之後，就可以以「臉」的形態來考慮相合性了。「臉」依形態可以分為以下七種：

①圓型……和任何人都能相處的社交家。但有時太過於親切，反而容易覺得寂寞。而且有時很任性，為其缺點。像演員松村邦洋和森公美子就是屬於這一型。

②**蛋型**……兼具優雅和知性的寧靜者。對萬事都小心謹慎，絕對不會過分。能夠了解自己的立場。

非常理性，對於任何混亂事態都能冷靜加以判斷。是受到朋友依賴型。像安室奈美惠與和久井映見就是屬於這一型。女性大多是美人，體型苗條。

③**四角型**……這一型的人，是屬於具有積極性猛烈型的人。具有強烈意志力，不服輸。希望能夠隨心所欲，當無法隨心所欲時就會燃燒鬥志。像女演員市原悅子和政治家龜井靜香就屬於這個典型。

④**細長型**……富於行動性，喜歡變化，不管做什麼都希望迅速處理型。對於平凡事情無法感到滿足，隨時追求新的事物，具有旺盛的挑戰精神，但有時也會神經質。有森裕子就是屬於這一型，但是臉型給人比較小的印象。

⑤**本壘型**……具有適應力，開朗活潑型。即使普通人會放棄的事情，他也具有耐心實行的能量。喜歡穿比實際年齡更年輕的服裝，非常的海派。以男性較多見，像反町隆史就是屬於這一型。

七種「臉」型

四角型

蛋　型

圓　型

細長型

倒三角型

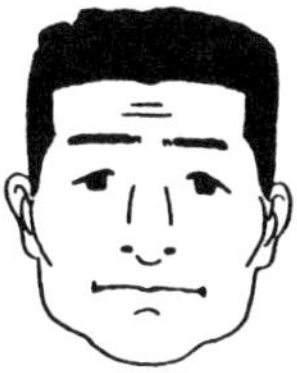

混合型

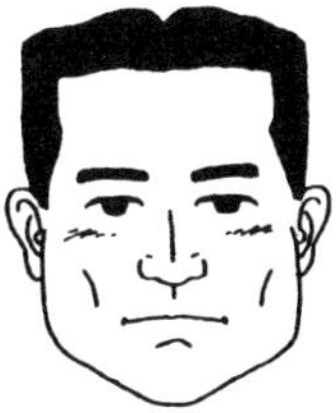

本壘型

⑥混合型……倔強不服輸，神經質的性格混合在一起。如果不將自己的能力發揮到最大限度，就覺得很不高興的一型。具有旺盛的好奇心，在各方面都會燃燒慾望。不管做什麼都能展現超出平均以上的力量。像扮演德川慶喜而深受好評的本木雅弘就是屬於這個典型。

⑦倒三角型……這一型的人溫柔體貼，非常的纖細。自己無法隨心所欲時就會顯得焦躁、神經質。如詩人般具有浪漫的一面。具有獨創力，但是缺乏行動力。身材窈窕，臉比較小。

相合性極佳的「臉」全都齊備的阿波羅十一號

調查登陸月球表面的阿波羅十一號的太空人的臉，發現是頗耐人尋味的組合。

船長阿姆斯壯的臉型是四角型，下顎骨骼非常的發達，而留在母船上的柯林斯則是下顎較細的倒三角型臉。歐德林則居於兩者之間，是蛋型臉。

基於美國太空人的名艦，將六十二名太空人的人相加以分類如下：

圓型　　　十七人（二七・四％）
四角型　　十六人（二五・八％）
倒三角型　二九人（四六・七％）

令人意外的是，細瘦的倒三角型臉，反而比運動員型壯碩的四角型臉更多。像阿姆斯壯這種四角型的臉是屬於外向，具有冒險心，一旦執著於一件事情時，不達目的絕不終止的努力行動型。

而相反的，歐德林的臉則是富於創造力、研究心，屬於害羞消極的思考型。

而留在母船上，倒三角型臉的柯林斯，是屬於內向型，三個人當中神經最纖細，非常認真，對任何事情都感興趣，反應迅速的人。

需要團隊合作的工作，如果聚集具有同樣臉型的人在一起展現團體行動，其成果就好像一個人展現的行動與反應一樣。但是，如果聚集不同臉型的人組成團體，則整個團體都富於變化能力。

最早登陸月球的人需要具有「勇氣與判斷力」，因此這個工作由「四角形」的阿姆斯壯負責，確認安全之後，則由研究熱心，思慮謹密的「蛋型」的歐德林登陸，留下「倒三角型」的柯林斯調查有沒有疏忽之處——人類偉大的「第一步」，事實上就是藉著良好的團隊默契而進行的。

在組織當中，即使要實行大的計畫，還是需要如這個阿波羅十一號的臉的組合，才是比較理想的作法。

在公司中也有相合性極佳的「臉」

談到單純的相合性，就是所謂的「類似的同志」。以企業而言，特定的上司和老闆周邊，都會聚集與他們的臉非常類似、看起來好像相合性極佳的人。

例如三菱、三井、住友等財閥系列企業，可說是「相合性極佳的臉」的組合。而被挑選為後繼者的社長，也大多給人和前任社長相似的印象。

以三菱而言，三菱商事的會長藤野忠次郎具有和三菱銀行會長田實涉類似的特徵。而住友系列則由和前住友銀行會長堀田庄三臉類似的人擔任重要職務。

在公司，也有和公司相合性極佳的臉。換個觀點來說，像引起騷動或是經營突然面臨危機的公司，一定會出現和公司完全不相合的臉，來擔任重要職務。

像百貨業界的名門、三越就是典型。岡田茂社長的臉和歷代三越社長的臉都不一樣。結果因為醜聞使岡田敗下陣來，可是後來又回到具有昔日傳統臉的社長管理之下，因而在不景氣的流通業界，卻能夠一直努力。

由「臉」了解SMAP受人歡迎的秘密

臉型非常類似的人一起工作，工作順利，夫妻關係圓滿，不過實際上，在世上卻有很多兩個完全相反的臉，搭配組合發揮力量的例子。

大家比較熟悉的例子，就是漫畫家松本人志和濱田雅功，兩個人的臉型，一個是細瘦，另外一個卻是四角臉，給人完全不同的印象，但是兩個人搭配組合卻獲得成功。

展現團體相合性有趣的例子，就是受人歡迎的ＳＭＡＰ。調查五位成員的臉，發現領導者中居正廣為混合型，最受人歡迎的木村拓哉是細長型的臉。

而最年輕的香取慎吾則是本壘型的臉。稻垣吾郎、草彅剛二人則是下顎突出的四角型臉。

好奇心旺盛的混合型、細長型，和充滿行動力的四角型、本壘型的組合，相合性最佳，ＳＭＡＰ就是由於臉型的巧妙組合而獲得成功。

再詳細的來看的話，四角型的稻垣和草彅二人，展現行動卻帶有混合型、細長型的心情。

喜歡向新事物挑戰的中居和木村，二人都很纖細，照道理說容易發生衝突，但是由眉毛和唇就可以發現木村屬於體貼型，會壓抑自己的情緒，巧妙的支持擔任領導者的中居。

而香取是屬於本壘型，可是看口兩端的寬廣度，可以了解到他富於體力、耐力的優點。

相合性是製造出來的

在探討人際關係「相合性」時，不可以忘記的就是相合性絕對不是命運決定的。肯定雙方性格和個性的差異，要努力的建立相合性。

在工作場所當中，建立相合性非常的重要。即使性格和想法不同，但是必須要互補缺點，才能創造出團隊精神來。

在這世上，並不是所有的人都心靈互通，相合性極佳的人。即使是陷入熱戀中的情侶，經過一段時間之後，可能原本視為是魅力的部分，反而討厭得不得了。

在新婚時期，覺得二人是世界上最適合的兩個人，想要過著幸福的日子，可是最後發現了對方的缺點，而不滿情緒高漲的例子非常多。

法國心理學家兼牧師伊格納斯•雷普斯，曾說夫妻就好像森林中的二棵樹一樣。也就是說，很容易注意到對方的缺點，可是卻忘記由二棵樹所創造出來的美麗森林。所以不要光是注意對方的缺點，而要培養二個人所創造出來的美，這才是現代的相合性。

在工作場所的人際關係上獲得成功的人，大多都能實踐這個「製造出來的相合性」。

關係圓滿的夫妻為什麼臉相似

日本文部省以前曾經調查男女的「相合性」。

根據報告顯示，結婚時非常擔心自己是否與對方相合的人，女性為二九・七%，男性為二一・三%。加上有點擔心的人在內，總計有六六%的人對於「相合性」感到關心。

直到最近，這個數字都沒有改變。亦即擔心相合性的人並沒有減少。反而是隨著離婚機率的增加，更多人會擔心相合性的問題了。

也就是說，很多人能夠接受「相合性」的說法，但是到底內容如何，就不見得解了。事實上，一般人對於「相合性」的好壞，反應是根本不知

「關係良好的夫妻，臉很像」的典型，野村克也、沙知代夫妻。2個人都是屬於「四角型」臉

道該如何加以調查。

只要以臉型來考慮「相合性」，就容易了解了，也就是和誰比較合得來，和誰合不來，簡單就能了解的方法，就是看臉相不相似。

例如結婚的人，請你想想自己丈夫（妻子）的臉。或者是如果你有正在交往的男女朋友，也請你想想這個人。

關係圓滿的夫妻，臉非常類似。有的夫妻是整個臉都很類似，有的則是眼睛和口唇的部分類似。

經常聽人說「這對夫妻的臉好像喔」，為什麼呢？以臉的「形態心理學」來探討就可以了解了。

我們看嬰兒就可以知道，人類臉部的表情是從模仿開始的。對於同樣的事物感動，湧現同樣的喜悅時，相合性極佳的夫妻，臉上的表情非常類似。也就是說，夫妻在不知不覺當中模仿對方的表情，有了不高興的事情時，會出現同樣不高興的表情，有了喜悅的事情時，也會出現同樣喜悅的表情。

被形容為鴛鴦夫妻的高島忠夫、壽美花代夫妻，以及野村克也、沙知代夫妻，他們的臉非常類似。此外，年齡差距十五歲，結婚不久的安室奈美惠和SAM二人的眼睛和口唇就好像兄妹一樣，非常類似。離婚的鄉廣見、二谷友理惠夫妻，剛結婚時臉很像，但最近則給人完全判若兩人的印象。

婚姻生活愈長，就愈不需要用語言來表達自己的感情或意志，只要藉著臉的表情就能傳達溝通，因此，臉型和表情也很像。

即使結婚之前完全不同的臉，隨著結婚年齡的增加，建立圓滿的夫妻關係時，不知不覺中，二個人的臉就會很像了。此外，也有相反的情形，就是最初很像，可能漸漸的就變得不像了。

所以看臉像不像，就可以知道夫妻的圓滿度了。

相合性良好的二種型態

不論男女或者是同性之間，有抱持好感的組合，也有不管做什麼都覺得不對勁的組合。而事實上，「臉」對於這個「相合性」或「不合性」具有極大的意義。

相合性英文是「Compatibility」，意味著「能共同生活」或是「能共存」。亦即住在一起也覺得非常融洽的關係。此外，另外一個意味著相合性的字「Affinity」則表示「宿命的心意相通」。

心理學上認為，由人際關係製造出來的相合性要素，有以下兩者。

(1)具有類似性質的「同類型性格」的相合性。也就是所謂的「很像的夫妻」。

(2)雖然雙方互有不同，但是能夠彌補對方所不具有的性格的「相補型性格」的相合性。

而臉的相合性也符合這個原理。出現在臉上的性格和氣質，使我們對對方抱持好感或是產生嫌惡感，所以就會製造出生理上喜歡或討厭的臉。

如果和臉相合性好的對象搭配組合，或者是選擇為婚姻對象的話，會使人生有完全不同的轉變。

看養樂多隊的野村克也領隊和沙知代夫妻的臉，就可以了解臉相合性的有趣。

外向活潑的沙知代夫人，臉是四角型，是屬於肉較厚的臉。喜歡說話，喜歡吃東西，屬於社交家型。而野村領隊的臉同樣也是四角型，也是肉較厚的大臉。二個人本質上是屬於「相似的夫妻」。因為相似點較多，所以能夠建立良好關係的相合性。

但是，雖然是「同型」，還有同是細瘦的臉，性格纖細的人，所出現的負面性格較強。由於雙方都在意小節，所以在感情上就會對立。

此外，不服輸，喜歡擁有自我主張的「多角型」臉，這種搭配，就算臉非常類似，可是好壞之間的差距很大。像松田聖子和神田正輝就是屬於這種相合性。在熱情燃燒的時候，非常的順暢大膽，但是討厭對方的時候，連對方的優點都會視為是缺點而情感不睦。

「同類型」相合性的優點，就是興趣和生活指向形態非常類似，能夠互相鼓勵，發揮力量。而缺點則是與自己類似之處太多了，會比平常人更加注意到對方的缺點而使不滿的情緒更高漲。

考慮到相合性的好壞，能夠補足對方所不具有的條件，這種「相補型」關係較為穩定。在日常生活中展現對方所不具有的氣質，能夠彌補對方的缺點。例如，比較憂鬱，想法比較神經質的「細長型」臉，可以由樂天派，凡事大而化之的「圓臉」來支持。

請依照臉型來改變交往方式

在此來探討一下，對於七種臉型該如何交往比較好。

①圓型……沒有比與這種親切、喜歡照顧他人的人交往更輕鬆的事情了。你的人生愉快度會增加二、三倍。和這一型的人交往時，秘訣就是要好好的聽他說話，這才是二人順利交往的秘訣。

一起吃飯，一起喝酒能夠加深交往，透過興趣和運動一起遊玩，能夠發現對方隱藏的一面。

②蛋型……和重視禮節的蛋型交往，最重要的一點就是要有教養。如

果一味的向他撒嬌或者是想要指示他做事，會令對方討厭。

③四角型……和這一型的人交往，不要去管對方不好的部分，只要注意他的優點就可以了。因為是正義感極強的人，尤其在你遇到工作上的煩惱或者是人際關係上不順利時，對你而言他們都是強力同志。

④細長型……與他人交往會採取直言不諱的態度或語言。和這一型的人交往必須小心，要注意的就是即使有點不愉快也不能夠清楚的表現在態度上。因為對方會敏感的反應你的情緒。所以和這一型的人談話要儘量保持輕鬆、友好的態度，才是巧妙交往的重點。

⑤本壘型……對他人不會有好惡感，和任何人都能交往。對人體貼，有同情心，是值得依賴的存在。但是，由於喜怒哀樂不會直接表現出來，所以不知道他到底在想些什麼。

⑥混合型……和這一型相合的人，雖然具有很好的相合性，但是性格可能完全相反，或是關心的事情完全不同。所以要了解對方的性格，以冷靜的態度對待他。這一型的人喜歡被奉承，所以要配合對方的步調，巧妙

的與其交往。

⑦倒三角型……認真，具有潔癖，在交往時，他一旦覺得不安的時候就會情緒低落，所以一定要慎重的應對。

利用臉型了解性格之後，在做生意和戀愛時，就可以利用「面相」。配合臉型，在公司就可以建立起很好的人際關係以及與戀人之間的關係。

利用臉型了解性的相合性

戀愛關係的特徵或性的相合性，也可以由臉型來了解。雖然臉型相同，但是男性和女性不同的性別會造成一些差距，在此為各位探討一下。

①圓型

男性——大多是單相思，就是因為他是個好好先生。腦海中雖然一直想著性的事情，但是是屬於情緒容易改變的人，性行為也會受到當天心情的影響。但是，真正要派上用場的時候，又缺乏精力。此外，對於平凡的性行為不會感覺到滿意。

由臉型看相合性

對方＼你	圓型	蛋型	四角型	細長型	本壘型	混合型	倒三角型
圓型	D	B	E	C	A	B	A
蛋型	A	C	D	B	B	E	B
四角型	E	D	B	A	B	A	C
細長型	B	A	A	C	D	E	B
本壘型	C	C	B	E	A	C	D
混合型	C	E	C	B	C	A	D
倒三角型	B	A	E	D	C	B	E

A. 理想的相合性
B. 交往之後逐漸好轉的相合性
C. 一般的相合性
D. 不順利的相合性
E. 最差的相合性

女姓——不喜歡愛人而喜歡被愛。不會坦白的說出自己的真心話。通常會控制性行為，絕對不會做出不道德的行為。非常害羞，無法率直的表達出自己的欲求。

②蛋型

男性——對女性體貼，是犧牲奉獻型。喜歡智慧、高貴的女性，重視的不是肉體之愛而是氣氛型。性行為本身比較淡薄，但是一旦受到女性嘲笑時，可能沒有辦法恢復男性的自信。同時這一型的人也較容易有同性戀傾向。

女性——富於性的魅力，是受男人喜歡的一型。在上床之前可能要花一段時間，但是一旦親吻之後，比普通女性的性感度和喜悅程度更大，經過幾次性行為之後，就會變得更成熟型。

③四角型

男性——性能力出類拔萃。可以巧妙控制自己的情感和性欲求。不考慮語言或氣氛，而以肉體的滿足為優先考量。

女性——一般來說，喜歡比自己年輕的男性，同時對於消瘦型更能產生好感。在性行為方面，喜歡自己居於領導地位。性方面的變化豐富，但不懂得散發的方法，容易導致欲求不滿。

④細長型

男性——對於性的關心比他人更強，重視肉體。喜歡具有個性的性生活，不滿足於平凡的事情。二十五歲以後，可能與許多女性產生性關係。性技巧一流，具有精力。先天上知道女性的性感帶，能夠巧妙加以攻擊。

女性——對於性的興趣和關心度極強，不過還不成熟。很多女性在還不成熟之前，無法產生性的滿足感。

這一型的人對於性有一種嚮往，打從心底希望受人擁抱，追求過度激烈的性，但是不會表現出來。

⑤本壘型

男性——能夠控制性行為的常識者。大多是頭腦勞動者，因此性的能力較弱。喜歡柏拉圖式的愛情，甚至有的人根本不會去碰觸自己所喜歡的女性的手。但是，對任何事情都熱心研究，一旦有過體驗之後，就會去購買各種的書籍，去追求不同的體位。原本就不喜歡風流，非常認真，會持續對一位女性獻上自己的愛。

女性——性關心度極強，富於體力。不只愛一位男性，尋求與多位男性的交往。喜歡大膽的性行為和愛撫，很多女性能夠藉著討好對方而得到滿足。不吝嗇的付出自己的愛，能夠感受到女性的歡愉。而這個女性的缺點則是比普通女性更易冷易熱。

⑥混合型

男性——性慾望比較平均，但若是無法充分散發的話，就會處於焦躁狀態下。喜歡與普通男性不同的性行為。不滿足於平凡的事，對於虐待狂、被虐待狂具有好奇心，每當看到鏡中的性行為時，就會非常的興奮。對於自己的身體和精力有過度的自信。

女性——認為性是不潔的事情，有憎惡性的傾向。對於男性，一旦抱持不信任感或是遭到背叛時，就無法與男性戀愛，具有同性戀傾向。

⑦倒三角型

男性——性行為本身並不強，但是喜歡性愛的氣氛。對於色情片或者是色情照片、小說等表現異常的關心。但是，向自己的戀人或妻子要求性行為卻非常的傳統。

女性——追求浪漫，嚮往戀愛。但自己不會積極的追求性。這一類女性，必須要有教導她享受性愛之樂的男性。

為二人進行的「相合性診斷」

請回答下面的Q1～Q10。從(a)～(b)當中選擇自己認為最適當的項目。

Q1　你的輪廓是那一種型？
(a)圓型　(b)蛋型　(c)四角型　(d)其他

Q2　眼睛的形狀是什麼型？
(a)下垂型　(b)上吊型　(c)水平型　(d)左右不同

Q3　額頭的形狀是何種型？
(a)四角型　(b)半圓型　(c)M型　(d)其他

Q4　耳朵形狀如何？
(a)大而突出　(b)圓型　(c)下部膨脹　(d)縱長

Q5　耳與鼻的位置關係如何？
(a)耳垂與鼻子位置高度相同　(b)耳垂在較上方　(c)耳垂在下方

(d)左右位置不同

Q6 下顎的形狀如何？

(a)細 (b)四角型 (c)下方腫脹 (d)長

Q7 從鼻子兩側畫二條直線時，口的幅度如何？

(a)相同 (b)稍大（口突出，標準型） (c)非常大（口突出相當多） (d)小（口小）

Q8 「人中」是屬於何種型？

(a)下方寬廣的八字 (b)幅度狹窄 (c)倒八字 (b)一條或者是很淡

Q9 臉的印象是何種型？

(a)開朗 (b)冷淡 (c)陰暗 (d)以上皆非

Q10 眉毛如何？

(a)短 (b)普通 (c)長 (d)左右長度不同

對於各問題，你的選擇如何呢？(a)到(d)各決定好的點數。看得點表，計算出各問題的合計得點。這是你的得點。從總得點了解你到底是A到D的那一種。

A～80分～64分　B～63分～46分

C～45分～28分　D～27分～10分

同樣的計算出你想調查的人的合計得點，看是在相合性表①～⑦的哪一項，來加以調查。

得分表

	(a)	(b)	(c)	(d)
Q. 1	3	1	5	8
Q. 2	5	3	1	8
Q. 3	5	3	8	1
Q. 4	1	3	8	5
Q. 5	5	3	8	1
Q. 6	1	5	8	3
Q. 7	3	5	8	1
Q. 8	8	3	5	1
Q. 9	8	3	1	5
Q.10	3	5	8	1

相合性表

對方＼你	A	B	C	D
A	①	③	④	⑤
B	③	①	⑥	④
C	④	⑥	②	⑦
D	⑤	④	⑦	②

此外，相合性表了解二人相合性型①到⑦，各自來看一下「相合性」吧！

①正同類型……能夠將雙方的優點更為強化的理想組合。不論在工作上或結婚戀愛上，都是屬於相合性極佳的二人。

即使不必詳細指示細節，具有能夠互相了解的要素。開始新工作或是要解決困難的問題時，這一個組合最適合。

但是，雙方陷入瓶頸時，可能會犯類似的錯誤。

二人擁有共通的目標和工作，能夠增加相合性的程度。普通人無法辦到的事情，只要交給這二人就可以安心了。在性行為方面也能夠擁有好的關係。

②部分的一致型……雙方顯示強烈的個性，燃燒野心的二人，要實行大工作是最理想的二人。有時候，二人具有好像競爭對手般的關係。

這二人的優點就是當強敵出現時，或是面臨困難局面時，能夠展現團結力。是屬於相合性極佳的組合，但是相反的，也具有不輸給對方的競爭關係。

但是在遇到機會的時候，二人缺乏行動力和決斷力，可能會使機會逃脫，事後後悔。

③相輔型……最具有積極性，外向的二人。二人的優點就是都具有對方所沒有的積極性格和才能，能夠彌補對方的缺點。

需要各種能力的現代，這可以說是最理想的相合性。與其開始新的工作，還不如朝向一個長期的目標前進，這樣才能發揮二人的實力。能夠注意到對方沒有察覺之處，能夠彌補對方的弱點。

雙方意見不合對立時，經過一段時間就能夠重新恢復良好的關係。具有美好未來的二人。

④負同類型……非常類似，但是共通點則是過於消極，容易迷惘，會造成負面作用。

由於負面志向較強，因此，在還沒有動手去做之前，就覺得一定行不通而變得懦弱。二人經常會持相反意見，雖然二人都很溫柔，可是卻很容易成為他人的犧牲品。雖然在生意上無法成功，可是卻擁有很好的藝術想法。不論怎麼說，二人在相合性上是不搭調的。不了解對方的心意會感覺不安，而且焦躁。尤其是對對方產生不信任感，或者有一方風流時，會比普通人受到更大的損害。

⑤對立違和型……剛開始時關係不睦，在生理上容易對立的二人。即使道理上能夠接受對方的想法，但是真正遇到事情時，又與對方合不來，會產生一種生理上的違和感。原本就具有異質要素的二個人，如果一開始就了解這種差距再交往的話，就能成為有趣的組合。

但是，如果想要從對方那兒得到體貼的話語或是援助，那是不可能的。必須要以合理的大人方式來交往，就能夠想出普通人無法想出的構想，也能得到快樂。

當二人關係順暢時，或不順暢時，會造成兩個極端的結果。亦即如果不是大勝就是大敗的組合。但是，一旦發現對方的好處時，就會提高信賴以及安心感，發展為非常好的關係。

⑥安全同類型……雖然不是非常棒的組合，但是絕不勉強，會一步一步踏實努力的二人。因此擁有長期目標的事業，二人互助合作的工作是最理想的。

剛開始時很辛苦，也可能會遇到一些困難，但是最後能夠實現夢想。所以藉著擁有共通的目標和夢想，能夠展現超乎想像以上的強大力量。

這二個人即使有一些不安，也不會將其表面化，能夠提高相合性。所以不焦躁，慢慢的訂立生活計畫，才能走向幸福之路。

⑦個性相合型……利用靈感或直覺結合，成為超出一般常理的命運結合。因為偶然的邂逅而成為強力的組合，二人能夠得到意想不到的機會。可能一見鍾情，也可能毫無道理的與對方的想法產生共鳴。在需要天才才能的工作上，相當的活躍，也可能會締造大戀愛。

二人都追求浪漫，追求美夢。會將對方理想化，容易只注意到對方的優點。但是當一人煩惱時，另外一人也會煩惱，容易受到對方的影響，這一點一定要注意。

第五章

「臉」能改運，「運」能改臉

——掌握幸運的「臉的製造法」

並沒有天生的「吃香臉」存在

因為解放黑奴而著名的美國總統林肯，在選擇閣員的時候，一個朋友介紹他某個人物，說：「這個人具有很好的才能，一定要讓他當大臣。」但是林肯對這個朋友說：「我不喜歡他的臉。」結果拒絕這個人入閣。林肯這番話，他的朋友反駁說：「臉的好壞不是個人的責任。如果因為你不喜歡他的臉而決定不錄用他，不是不當的作法嗎？」

而林肯卻說：「過了四十歲之後，必須對自己的臉負責。」

的確，本人對於臉不需要負責。但是，怎麼可以把責任全部都歸咎於父母呢？

事實上，「臉」的確可以自己製造。先前敘述過，精神生活或生活環境的微妙變化會反映在我們的臉上。依你的心態和生活形態的不同，臉也會出現好壞不同的表情。

林肯的傳聞，最初是由慶應義塾大學的小泉信三介紹到日本。在畢業典禮時，他每次都會把這個傳說告訴學生們。

小泉信三在戰時，因為美軍空襲東京，臉被燒傷，疤痕累累的臉令他非常痛苦。

但是，許多看過小泉臉的人，都認為他的臉具有威嚴與溫暖。由這番話就可以了解到，臉並不在於臉型的美醜，而在於自己對於生命的自信，以及與他人接觸時明朗的態度。

沒有天生的吃香臉。同時也不存在天生就不討喜的臉。

即使天生是美人，但是如果以陰險的態度與他人接觸時，恐怕眼睛往上吊，口唇歪斜。而任何人看起來具有魅力，親切的臉，就是因為平時非常努力與他人親近而自然形成的臉。上天所賜予的臉，要把它製造成好臉還是壞臉，由自己來決定。

討喜的臉、討厭的臉是如何製造出來的

這二、三年，日本職棒選手在美國大聯盟中非常活躍而成為話題的，

就是洛杉磯道西隊的投手野茂英雄。他的活躍令日本感到非常驕傲。但另一方面令人難為情的，就是被大眾傳播媒體批評為禮貌不好的紐約洋基隊的投手伊良部秀輝。

二人之間人氣的差距，除了行動和成績以外，我想原因應該是出在「臉」的印象。

野茂的臉緊繃，看起來很認真，而伊良部投手的臉比較胖，看起來很鬆弛。如果說二人要在美國漫畫上登場的話，恐怕扮演好人的臉是野茂，而伊良部的臉則可能扮演壞人了。

不管是誰的臉，讓人看起來都可能產生安心感或者是不快感。

我們看到一些做壞事的人，總是會覺得他和普通人的臉不一樣。會產生不快感的臉，是給人犯罪者的印象。

一九九七年在東京和埼玉所發生的連續攻擊女性的色魔事件犯人，看起來不只一人，是有很多人。警視廳和埼玉縣警察局基於被害人的證言，畫出了犯人的臉部畫像。公開發表的犯人臉，眼睛是狐狸眼睛，非常小，下顎較細，口較小。

這是怎麼一回事呢？看起來色魔犯人的臉具有共通的特徵。但事實上不只如此而已。也就是說，很多女性都認為性犯罪的犯人臉具有這種共通的特徵。

初次見面，判斷一個人的時候，臉所具有的印象會造成極大的影響。可能會在無意識當中，想起自己過去曾見到討厭的人的臉，或者是聯想到電影和電視中壞蛋的臉，以這樣的想法來判斷眼前的人。

當人際關係不好的時候，會因為臉的負面印象而誤解對方。所以自己的臉對於對方會造成何種的心理印象，這一點非常重要。

尤其是推銷員或者是從事服務業工作的人，臉的印象效果是絕不能忽視的。

在團體中「臉」會改變

例如，新幹線的女性服務員具有魅力，所以很多人會搭乘新幹線。事實上，她們的魅力不亞於國際線的空服員，所以改變了乘客的印象。

工作內容大致相同，但是車輛更現代化，更新型的新幹線，將車內變化成好像噴射客機一樣。隨著這種印象的變化，對於在那兒工作的女性的臉都改變了。服裝和動作都不亞於空服員，因此，最近願意應徵新幹線的年輕女服務員增加了。

也就是說，對工作的自信，使得在那兒工作的女性的臉都更具有魅力了。

臉要具有魅力，不能光靠化妝。對於自己的工作擁有自信和驕傲，則動作和臉的表情都富於魅力。

臉的製造是以在與他人接觸，或者是對於環境適應到何種程度來決定的。臉並不是固定的，會隨時產生變化。藉著每天與他人的接觸方式而製造出來。心中有不滿時，不滿慢慢的蓄積，會使整個臉變得陰暗。相反的，如果燃燒著開朗的慾望時，則臉也變得更有魅力。

為各位介紹，也可以在團體中製造出臉來的有趣傳說。

日本憲政史上，建立近代化日本政治體制基礎的功勞者之一就是尾崎行雄，這位大政治家曾經對他的朋友高橋誠一郎（前日本藝術院院長）說過以下的話。

「雖然我不認為自己長得很醜，並不是對自己的臉沒有自信」，但是當我在慶應義塾學習時，我的人相逐漸變好了。在班上有一個美男子，當我坐在這位男性的隔壁時，我自己都覺得臉型變得更好看了。」

而高橋誠一郎在小品文中有以下的敘述：

「可能是尾崎先生在崇尚自由主義的慶應義塾學習，接觸到福澤諭吉先生偉大的人格，成為一個擁有獨立自尊的人，內在的美點呈現於外觀上，就形成了優雅的氣質，而擁有威嚴端麗的容貌。」

在第四章已經敘述過了，臉容易受到交往對象以及一起生活對象的影響。

如果看到對方的臉上有優點，自己的臉也會加以模仿。雖然「動作」這個字英文是（Mimic），但是我認為這個字真正的意思是「模仿」。一邊模仿他人一邊建立自己的表情。

在「慶應」這個環境當中，嚮往這所大學而到這所大學就讀的人當中，就讓人有了慶應臉的印象。在類似的環境中生活，而生活水準相同的人聚集在一起時，不管是誰，臉看起來都很像。

無法藉著整形改變「臉」

逃亡十五年，在「時效」到達之前的一九九七年七月，因為懷疑殺人而被逮捕的前旅館老闆娘福田和子，雖然變換髮型，使用假名持續逃亡生活。臉也整形了三、四次，完全判若兩人過著逃亡的生活，但最後還是被抓回來了。

警察想要追捕的犯人，會假扮成「別人」而展現行動，對逃亡者而言這是很自然的事情。因此，不只是使用假名、變裝，甚至想要改變自己的臉，而做整型手術，想要得到安心感，我能夠了解這種心理想法。

像福田在逃亡初期，對於「眼睛」和「鼻子」的部分進行整形。她的臉整形之後，從殺人犯的「通緝犯」身分中解放出來，以開朗的表情唱卡拉ＯＫ。

由於「臉完全變成了其他人」的安心感，又重新表現出她那氣派的性格，眉毛畫成藍色，進行豪華的粧扮。在被逮捕的這一天，她還擦著鮮紅的口紅，穿著黑色高跟鞋。

但是，不可思議的就是遭到逮捕時的臉，雖然反覆整形，可是和犯罪當時的臉印象非常類似。

為什麼經過幾次整形，還是和原來自己的臉非常接近呢？

雖然眼鼻和下顎的形狀整形改變，但是經過十年、二十年歲月之後，只要這個人的性格和體質不改的話，臉還是會回到原先的形狀。也就是說，如果生活形態和本人的性格沒有變化的話，又會回到昔日的臉形。

尤其是眼睛和口唇的表情會恢復原狀。即使再怎麼樣整形，也沒有辦法將黑眼珠都整形了。即使是割了雙眼皮，但是黑眼珠的動作卻不會改變。來自黑眼珠的印象，與十五年前完全相同。

此外，與十五年前完全一樣的就是口的表情。唇形和周邊肉的附著情況雖然已經產生了變化，但是抿成一字型的形狀和說話時的表情並沒有改變。人類說話的方式和動作，與十五年前沒有什麼大的變化。同時側面的表情也沒有變化。

福田在整形之後，看到鏡中自己的臉，會感覺到「這已經不是以前的自己了，完全判若兩人」。但是，當她對著鏡子化妝的時候，也會做出與昔日同樣的動作。在畫眉毛的時候，即使濃淡不同，但是同樣畫成一字眉。因為她喜歡這種眉毛。在人前笑，或是在卡拉ＯＫ唱歌的時候，她的動作和口的表情並沒有改變。

更耐人尋味的，就是寬廣的額頭幾乎沒有改變。雖然利用髮型加以遮掩，但是額頭仍然一如往昔。可能在無意識當中，她最喜歡自己臉的額頭，也最有自信，因此不想改變它。

但是，經過整形仍無法改變的臉，在自己的精神狀態和體調變化時，就會產生改變。

先前談過，山一證券等證券界的不祥事件，使得重要幹部陸續遭到逮捕，這十幾位重要幹部的臉部照片，都在照片週刊雜誌上被報導出來。從這些照片上可以看到這些重要幹部的臉，都給人非常類似的印象。

開朗，具有自信工作的時候，每個人的臉都具有個性，充滿能量。但是當不安的情緒高漲時，臉產生很大的變化。人類的臉會直接反映出心靈的狀況。

長期在日本生活的外國人，與日本人的臉型非常類似。反過來說，在海外成長的日本人，看起來就好像是外國混血兒一樣。由此可知，臉會因人際關係或生活環境的變化而製造出來。

使職員充滿元氣的丸善、司忠社長的習慣

在東京日本橋販賣洋書著名的丸善書店，因為在戰時是處理洋書的公司，因此容易遭受官憲的介入，營業方面非常辛苦。而日本橋遭遇空襲，被炸成原野時，在戰後重建上，煞費苦心。其中，使今日丸善再興的功勞

者就是司忠先生。

司先生十三歲時，成為見習社員進入公司以後，埋首於公司的業務中，持續二十年擔任社長。一九四七年不景氣的時代，他宣佈自己是「一人社長」，後來逐漸發展為日本屈指可數的書店。

聽說司先生本人，生前到公司會立刻照鏡子，緩和自己臉部的印象，然後再訓示員工，二十年來，一直保持這個習慣。

從大森自宅到日本橋的公司，因為通勤擁擠的狀況，而使他變得焦躁。他想，如果帶著這張焦躁的臉去訓示員工的話，員工的臉也會變得陰暗。

「身為領導者的我，一定要先保持開朗的心情，才能掌握使員工開朗的關鍵」，這就是司先生的想法。

對於「親和臉」關心度較淡薄的日本人

一九九七年七月十七日的朝日新聞有一個有趣的報導。也就是首任勞動省女性事務次官松原亘子的臉部照片，與以往官廳所發表的照片不同。

以往官廳發表的臉部照片，絕對是正面對著觀眾，嘴巴抿成一字型的照片，但是松原女士的臉部照片，如果是用側面的方式拍攝的話則是笑臉。在日本，不只是官廳，甚至是護照和證照等，正式的照片都是面對正面，緊抿著嘴的照片。

歐美和日本臉部照片不同，就是日本的正式照片大都是「正面臉」，而歐美即使是正式的場合，也經常使用笑臉的照片。

翻閱職棒選手的名鑑，就可以發現有趣的事情。像日本人的選手一定是緊抿著嘴，表情嚴肅，但是外國人選手則是在那兒微笑。也就是與日本人相比，歐美人對於「親和臉」的關心度更強烈。

在這一點上，勞動省首任女性事務次官的臉可算是異色。當然並不是下意識的要展露笑容來拍照。可能是因為突然要發表，因此只好拿出她以往的照片吧！

希望自己的臉看起來像什麼樣子，或是希望展現什麼樣的臉部照片來改變工作或人際關係的意識，如果要加以強化的話，也許需要花更長的時間了。

與其讓眾人看面無表情，嚴肅的臉部照片，還不如有一個開朗，表情自然的臉部照片，會更親切。

請打開「喬哈里之窗」

二十八年來，獨自生活，後來離開關島叢林的橫井庄一的臉，看起來不像是人類的臉。

因為沒有與人交往，所以「臉」面無表情，形成冰冷之「相」。所以「臉」必須藉著與他人接觸，藉著喜悅、悲傷、反抗與情感的表現而製造出來。臉是藉著模仿對方而產生表情，藉著與各種人的接觸而創造出自己的臉。

有些學者將人際關係以「百葉窗」和「窗簾」來比喻。

把自己視為是上下開閉的百葉窗，把對方視為是左右開閉的窗簾，百葉窗大大張開，但是窗簾關閉的話，則光仍沒有辦法射進房間裡。而同樣的，如果是窗簾打開，而百葉窗一直垂掛下來的話，光也同樣射不進來。要使明亮的光照進房間裡，百葉窗和窗簾都必須要同時打開才行。

在心理學上將其稱為「喬哈里之窗」。而美國心理學家傑拉德將其稱為「自我開示」。所以要使「臉」有魅力，就必須要進行「自我開示」。對自己沒有自信，關閉心靈百葉窗的人，他的「臉」是陰暗的。很多人對人際關係感到失望，但是在你打開這個百葉窗之前，對方是不會打開他的窗簾的。

最近年輕人的臉不具有魄力，就是沒有辦法巧妙的進行「自我開示」。關閉自己的百葉窗，把自己關在房間裡，如果不努力與他人交往，當然沒有辦法形成「好臉」。

不過最近的年輕人，認為與他人交往可能會被對方欺負，或者是覺得這種交往是很麻煩的事情。因此在與人交往上變得消極，而喪失了具有魅力的臉。

不要製造「美臉」而要製造「好臉」

擁有工作的女性，得到周圍眾人的信賴，能夠發揮實力，共通點就是「臉」很美。

臉很美並不是所謂的美人，並不是說像服裝模特兒或是演員等美人，而是對於工作燃燒慾望，得到眾人的信賴的臉，會展現與美人臉不同的「美」。一旦得到信賴，就會產生一種自信與喜悅，而使臉變得更美。

「美人比任何介紹信都具有更佳的推薦效果」，這是古希臘哲人亞里斯多德所說的話，美人的確令人心動。

但是，這種美和「形狀」美是不同的。和模特兒這種已經完成的美人臉是不同的。

聚集日本美女，合成日本第一美麗眼睛，日本第一美麗嘴巴，日本第一美麗鼻子，無法製造出最美的臉來。似乎男性並不喜歡整形美人。

所以，雖然外型看起來最美，不見得能夠讓別人感受到最佳的魅力。

那麼掌握人心的魅力到底是什麼呢？

我了解，不管是誰都嚮往英俊的臉或者是追求美女。但是，無可否認的，臉一定要美。美男子，不管是誰都會對他產生好感，在工作交涉上的確有好處。而且大都能受到女性的歡迎。

但是，實際上在國內活躍的政治家或是財界人士，或者是學者、藝術家，很少是英俊的男性，大都具有個性的臉。

這到底是怎麼一回事呢？也就是說，姑且不論才能的有無，這些男子和世間的美男子不同，他們對於成功具有特別強烈的執著。

英國社會學家諾烏德．伊斯特曾經說過以下的話：

「我認為犯罪原因與身體的醜陋或畸形有密切的關係。身體不具有魅力的人，容易產生自卑感，認為無法滿足女性或者是得到性的滿足。」

的確，醜男在戀愛方面，與俊男相比可能會產生一種自卑感。但是，不見得就會因此而犯罪。

在十幾歲性覺醒的時代，察覺到自己的臉並非俊男，也許在女性群中不吃香，而感到非常的煩惱。但是，這種自卑感反而會轉化成得到成功的大能量。為了得到愛和尊敬，或者是為了金錢和名譽，而產生了旺盛的鬥爭心。

希特勒歪斜的「臉自卑感」

自卑感歪斜的例子，就是德國納粹黨的獨裁者希特勒。他在年輕時代就因自己的臉醜陋而感到煩惱。

在一八八九年，他出生於奧地利，是下級海關人員之子。十四歲時，父親死去，他立志當畫家，但遭遇挫折。母親死後，他淪落為勞工，啜飲著慈善湯，住在免費住宿處。由於年輕時嘗盡了人生的辛酸，因此，他的臉變得更陰沉黑暗。

「額頭蒼白，臉頰沒有肉，看起來好像得了肺病似的，只有眼睛閃爍著光輝，凝視著東西。」

這是他的老師皮歐德爾・基辛迦所說的話，人醜陋的希特勒當然沒有女性會理他。就在這時候，他和猶太人青年爭奪戀人，嘗到失戀的痛苦經驗。於是，他留下了著名的鬍子。這時，對於臉歪斜的自卑感出現了。

他在『我的鬥爭』一書中，露骨的表現出對於運用財力，深受女性喜愛的猶太人的嫉妒和憎惡。

「頭髮黑色的猶太青年，引誘容易相信他人的女孩……將那個女子帶離了同胞的懷抱，讓她和粗惡的血混合。」

「數十萬名女子被心懷詭計的猶太人誘惑……」

他是自尊心很強，歇斯底里的青年，遭遇到貧窮和失戀，更加提高了他的被害者意識，而當個人的憎惡變成國家憎惡的過程中，開發了他成為獨裁者之路。

希特勒是比較極端的例子，不過，相反的，在歷史上留下偉大業績的人，也大多是對於醜臉產生自卑感，因而比他人更加努力而獲得成功。

「美存在於亂調中」

回顧日本的歷史，像豐臣秀吉被稱為「猿面冠者」，德川家康被稱為「老狐狸」，都是醜男。明治維新的推動者西鄉隆盛，雖然肖像畫是個美男子，但是根據荷蘭人菲諾洛沙所拍攝的照片，發現他是個醜男。

而政治家像已故的前首相吉田茂以及河野一郎，還有社會黨的前委員長淺沼稻次郎等人，都不能算是美男，都是具有個性的醜男。而這些醜男政治家，卻比美男政治家更受到大眾的喜愛。

自認為醜男的作家松本清張，生前曾經在某雜誌中說過：

「在二十五、二十六歲之前，非常煩惱。但是後來放棄了。但是像我這樣的醜男卻有好處。很多美男過了四十歲以後，卻變成了醜男。但是我仍然擁有年輕時所具有之風格的臉，隨著年齡的增長，這個風格更好。男人擁有樸素的臉比較好。我認為『美存在於亂調中』。像佐藤榮作的臉並不受人歡迎。在這一方面，醜男是比較吃香的。」

必須靠臉才能夠討生活的演藝人員中，一些醜男、醜女反而更引人矚目，受人歡迎。像在委內瑞拉國際電影節得到大獎的北野武，和電視節目中受人歡迎的松本明子，具有一張個性臉，是極具魅力的存在。

一九九七年，ＮＨＫ好感度演員，排名前幾名的人，不見得都是俊男美女。

男性方面，反町隆史、竹野內豐、木村拓哉是屬於俊男，但是明石家、西田敏行等都不算是俊男。

女性方面也是同樣的。山田邦子、久本雅美也得到很多人的喜愛。

所以魅力絕不能夠用「美醜」來斷定。

臉可以創造歷史

很多人對於臉都有自卑感。包括你自己在內，我們每一個人對於自己的臉，恐怕都不能抬頭挺胸的說我們很有自信吧！

但是，不論是醜男或醜女，面貌不能夠完全影響他的一生。即使臉是醜男，有不良的影響，但是，如果你對自己的臉沒有自信的話，這一種晦暗的情緒會使你變得更糟糕。

有一些俊男或美女，不見得就能夠得到幸福。可能對於自己的臉過度自信，反而在與人交往時展現傲慢的態度，給人傲慢的印象。

人的臉之所以有魅力，不光是形狀美麗而已，而在於心情的開朗。能夠露出爽朗的笑容對待他人，自然就擁有魅力。

在「全日本國民美少女大賽」中，擔任審查委員長的小林亞星等人，選出了成為CM女王、活躍的佐藤藍子，而當時他們的審查重點如下：「以往只重視形態美，而今後的時代將是『表現力豐富的人』才能出頭」。

也就是說，表情的表現力、生活方式的表現力更豐富了。

一輩子只有這一張臉，如何與它好好的相處非常重要。就像松本清張所說的「醜男反而有好處」，以樂天的方式與自己的臉相處，就能成為具有個性的好臉。像丸善司忠社長，在見到他人之前先「照鏡子」，使臉愈

「醜男有好處—」，具有樂天的性格，說出這句話的作家、松本清張的風格展露無餘。

來愈具有魅力。

美不可能完美無瑕。美存在於亂調中。必須隨時保持開朗的心情，努力生活，使得你的「臉」漸漸變成「好臉」。

有一個太空人叫做有里家家林。他是世界上首次搭乘單人太空船布斯特克一號，成功環繞地球上空一周的著名俄羅斯太空人。某個新聞報導，曾經說他被挑選來達成這項偉大任務的原因是這樣的：

當時在俄羅斯，除了他以外，還有很多的太空人。負責考選的工學博士看了這一些候選人的臉，發現家家林臉上露出最開朗的笑容，於是挑選了他。博士說：「這個年輕人的笑容非常好。」

所以最重要的就是要擁有自信、開朗的活著。開朗的臉，會影響歷史。

大展出版社有限公司 圖書目錄

地址：台北市北投區(石牌)
致遠一路二段 12 巷 1 號
電話：(02)28236031
28236033
郵撥：0166955～1
傳真：(02)28272069

・法律專欄連載・電腦編號 58

台大法學院 法律學系／策劃
法律服務社／編著

1. 別讓您的權利睡著了 1		200 元
2. 別讓您的權利睡著了 2		200 元

・秘傳占卜系列・電腦編號 14

1. 手相術	淺野八郎著	180 元
2. 人相術	淺野八郎著	180 元
3. 西洋占星術	淺野八郎著	180 元
4. 中國神奇占卜	淺野八郎著	150 元
5. 夢判斷	淺野八郎著	150 元
6. 前世、來世占卜	淺野八郎著	150 元
7. 法國式血型學	淺野八郎著	150 元
8. 靈感、符咒學	淺野八郎著	150 元
9. 紙牌占卜學	淺野八郎著	150 元
10. ESP 超能力占卜	淺野八郎著	150 元
11. 猶太數的秘術	淺野八郎著	150 元
12. 新心理測驗	淺野八郎著	160 元
13. 塔羅牌預言秘法	淺野八郎著	200 元

・趣味心理講座・電腦編號 15

1. 性格測驗① 探索男與女	淺野八郎著	140 元
2. 性格測驗② 透視人心奧秘	淺野八郎著	140 元
3. 性格測驗③ 發現陌生的自己	淺野八郎著	140 元
4. 性格測驗④ 發現你的真面目	淺野八郎著	140 元
5. 性格測驗⑤ 讓你們吃驚	淺野八郎著	140 元
6. 性格測驗⑥ 洞穿心理盲點	淺野八郎著	140 元
7. 性格測驗⑦ 探索對方心理	淺野八郎著	140 元
8. 性格測驗⑧ 由吃認識自己	淺野八郎著	160 元
9. 性格測驗⑨ 戀愛知多少	淺野八郎著	160 元
10. 性格測驗⑩ 由裝扮瞭解人心	淺野八郎著	160 元

11. 性格測驗⑪ 敲開內心玄機　淺野八郎著　140 元
12. 性格測驗⑫ 透視你的未來　淺野八郎著　160 元
13. 血型與你的一生　淺野八郎著　160 元
14. 趣味推理遊戲　淺野八郎著　160 元
15. 行為語言解析　淺野八郎著　160 元

・婦幼天地・電腦編號 16

1. 八萬人減肥成果　黃靜香譯　180 元
2. 三分鐘減肥體操　楊鴻儒譯　150 元
3. 窈窕淑女美髮秘訣　柯素娥譯　130 元
4. 使妳更迷人　成　玉譯　130 元
5. 女性的更年期　官舒妍編譯　160 元
6. 胎內育兒法　李玉瓊編譯　150 元
7. 早產兒袋鼠式護理　唐岱蘭譯　200 元
8. 初次懷孕與生產　婦幼天地編譯組　180 元
9. 初次育兒 12 個月　婦幼天地編譯組　180 元
10. 斷乳食與幼兒食　婦幼天地編譯組　180 元
11. 培養幼兒能力與性向　婦幼天地編譯組　180 元
12. 培養幼兒創造力的玩具與遊戲　婦幼天地編譯組　180 元
13. 幼兒的症狀與疾病　婦幼天地編譯組　180 元
14. 腿部苗條健美法　婦幼天地編譯組　180 元
15. 女性腰痛別忽視　婦幼天地編譯組　150 元
16. 舒展身心體操術　李玉瓊編譯　130 元
17. 三分鐘臉部體操　趙薇妮著　160 元
18. 生動的笑容表情術　趙薇妮著　160 元
19. 心曠神怡減肥法　川津祐介著　130 元
20. 內衣使妳更美麗　陳玄茹譯　130 元
21. 瑜伽美姿美容　黃靜香編著　180 元
22. 高雅女性裝扮學　陳珮玲譯　180 元
23. 蠶糞肌膚美顏法　坂梨秀子著　160 元
24. 認識妳的身體　李玉瓊譯　160 元
25. 產後恢復苗條體態　居理安・芙萊喬著　200 元
26. 正確護髮美容法　山崎伊久江著　180 元
27. 安琪拉美姿養生學　安琪拉蘭斯博瑞著　180 元
28. 女體性醫學剖析　增田豐著　220 元
29. 懷孕與生產剖析　岡部綾子著　180 元
30. 斷奶後的健康育兒　東城百合子著　220 元
31. 引出孩子幹勁的責罵藝術　多湖輝著　170 元
32. 培養孩子獨立的藝術　多湖輝著　170 元
33. 子宮肌瘤與卵巢囊腫　陳秀琳編著　180 元
34. 下半身減肥法　納他夏・史達賓著　180 元
35. 女性自然美容法　吳雅菁編著　180 元
36. 再也不發胖　池園悅太郎著　170 元

29. 愛與性心理測驗	小毛驢編譯	130元
30. 刑案推理解謎	小毛驢編譯	180元
31. 偵探常識推理	小毛驢編譯	180元
32. 偵探常識解謎	小毛驢編譯	130元
33. 偵探推理遊戲	小毛驢編譯	130元
34. 趣味的超魔術	廖玉山編著	150元
35. 趣味的珍奇發明	柯素娥編著	150元
36. 登山用具與技巧	陳瑞菊編著	150元
37. 性的漫談	蘇燕謀編著	180元
38. 無的漫談	蘇燕謀編著	180元
39. 黑色漫談	蘇燕謀編著	180元
40. 白色漫談	蘇燕謀編著	180元

・健 康 天 地・電腦編號 18

1. 壓力的預防與治療	柯素娥編譯	130元
2. 超科學氣的魔力	柯素娥編譯	130元
3. 尿療法治病的神奇	中尾良一著	130元
4. 鐵證如山的尿療法奇蹟	廖玉山譯	120元
5. 一日斷食健康法	葉慈容編譯	150元
6. 胃部強健法	陳炳崑譯	120元
7. 癌症早期檢查法	廖松濤譯	160元
8. 老人痴呆症防止法	柯素娥編譯	130元
9. 松葉汁健康飲料	陳麗芬編譯	130元
10. 揉肚臍健康法	永井秋夫著	150元
11. 過勞死、猝死的預防	卓秀貞編譯	130元
12. 高血壓治療與飲食	藤山順豐著	150元
13. 老人看護指南	柯素娥編譯	150元
14. 美容外科淺談	楊啟宏著	150元
15. 美容外科新境界	楊啟宏著	150元
16. 鹽是天然的醫生	西英司郎著	140元
17. 年輕十歲不是夢	梁瑞麟譯	200元
18. 茶料理治百病	桑野和民著	180元
19. 綠茶治病寶典	桑野和民著	150元
20. 杜仲茶養顏減肥法	西田博著	150元
21. 蜂膠驚人療效	瀨長良三郎著	180元
22. 蜂膠治百病	瀨長良三郎著	180元
23. 醫藥與生活㈠	鄭炳全著	180元
24. 鈣長生寶典	落合敏著	180元
25. 大蒜長生寶典	木下繁太郎著	160元
26. 居家自我健康檢查	石川恭三著	160元
27. 永恆的健康人生	李秀鈴譯	200元
28. 大豆卵磷脂長生寶典	劉雪卿譯	150元
29. 芳香療法	梁艾琳譯	160元

30. 醋長生寶典	柯素娥譯	180 元
31. 從星座透視健康	席拉・吉蒂斯著	180 元
32. 愉悅自在保健學	野本二士夫著	160 元
33. 裸睡健康法	丸山淳士等著	160 元
34. 糖尿病預防與治療	藤田順豐著	180 元
35. 維他命長生寶典	菅原明子著	180 元
36. 維他命 C 新效果	鐘文訓編	150 元
37. 手、腳病理按摩	堤芳朗著	160 元
38. AIDS 瞭解與預防	彼得塔歇爾著	180 元
39. 甲殼質殼聚糖健康法	沈永嘉譯	160 元
40. 神經痛預防與治療	木下真男著	160 元
41. 室內身體鍛鍊法	陳炳崑編著	160 元
42. 吃出健康藥膳	劉大器編著	180 元
43. 自我指壓術	蘇燕謀編著	160 元
44. 紅蘿蔔汁斷食療法	李玉瓊編著	150 元
45. 洗心術健康秘法	竺翠萍編譯	170 元
46. 枇杷葉健康療法	柯素娥編譯	180 元
47. 抗衰血癒	楊啟宏著	180 元
48. 與癌搏鬥記	逸見政孝著	180 元
49. 冬蟲夏草長生寶典	高橋義博著	170 元
50. 痔瘡・大腸疾病先端療法	宮島伸宜著	180 元
51. 膠布治癒頑固慢性病	加瀨建造著	180 元
52. 芝麻神奇健康法	小林貞作著	170 元
53. 香煙能防止癡呆？	高田明和著	180 元
54. 穀菜食治癌療法	佐藤成志著	180 元
55. 貼藥健康法	松原英多著	180 元
56. 克服癌症調和道呼吸法	帶津良一著	180 元
57. B 型肝炎預防與治療	野村喜重郎著	180 元
58. 青春永駐養生導引術	早島正雄著	180 元
59. 改變呼吸法創造健康	原久子著	180 元
60. 荷爾蒙平衡養生秘訣	出村博著	180 元
61. 水美肌健康法	井戶勝富著	170 元
62. 認識食物掌握健康	廖梅珠編著	170 元
63. 痛風劇痛消除法	鈴木吉彥著	180 元
64. 酸莖菌驚人療效	上田明彥著	180 元
65. 大豆卵磷脂治現代病	神津健一著	200 元
66. 時辰療法—危險時刻凌晨 4 時	呂建強等著	180 元
67. 自然治癒力提升法	帶津良一著	180 元
68. 巧妙的氣保健法	藤平墨子著	180 元
69. 治癒 C 型肝炎	熊田博光著	180 元
70. 肝臟病預防與治療	劉名揚編著	180 元
71. 腰痛平衡療法	荒井政信著	180 元
72. 根治多汗症、狐臭	稻葉益巳著	220 元
73. 40 歲以後的骨質疏鬆症	沈永嘉譯	180 元

74. 認識中藥	松下一成著	180 元
75. 認識氣的科學	佐佐木茂美著	180 元
76. 我戰勝了癌症	安田伸著	180 元
77. 斑點是身心的危險信號	中野進著	180 元
78. 艾波拉病毒大震撼	玉川重德著	180 元
79. 重新還我黑髮	桑名隆一郎著	180 元
80. 身體節律與健康	林博史著	180 元
81. 生薑治萬病	石原結實著	180 元
82. 靈芝治百病	陳瑞東著	180 元
83. 木炭驚人的威力	大槻彰著	200 元
84. 認識活性氧	井土貴司著	180 元
85. 深海鮫治百病	廖玉山編著	180 元
86. 神奇的蜂王乳	井上丹治著	180 元
87. 卡拉 OK 健腦法	東潔著	180 元
88. 卡拉 OK 健康法	福田伴男著	180 元
89. 醫藥與生活㈡	鄭炳全著	200 元
90. 洋蔥治百病	宮尾興平著	180 元
91. 年輕 10 歲快步健康法	石塚忠雄著	180 元
92. 石榴的驚人神效	岡本順子著	180 元
93. 飲料健康法	白鳥早奈英著	180 元
94. 健康棒體操	劉名揚編譯	180 元
95. 催眠健康法	蕭京凌編著	180 元
96. 鬱金（美王）治百病	水野修一著	180 元

・實用女性學講座・電腦編號 19

1. 解讀女性內心世界	島田一男著	150 元
2. 塑造成熟的女性	島田一男著	150 元
3. 女性整體裝扮學	黃靜香編著	180 元
4. 女性應對禮儀	黃靜香編著	180 元
5. 女性婚前必修	小野十傳著	200 元
6. 徹底瞭解女人	田口二州著	180 元
7. 拆穿女性謊言 88 招	島田一男著	200 元
8. 解讀女人心	島田一男著	200 元
9. 俘獲女性絕招	志賀貢著	200 元
10. 愛情的壓力解套	中村理英子著	200 元
11. 妳是人見人愛的女孩	廖松濤編著	200 元

・校園系列・電腦編號 20

1. 讀書集中術	多湖輝著	150 元
2. 應考的訣竅	多湖輝著	150 元
3. 輕鬆讀書贏得聯考	多湖輝著	150 元

4. 讀書記憶秘訣　多湖輝著　150元
5. 視力恢復！超速讀術　江錦雲譯　180元
6. 讀書36計　黃柏松編著　180元
7. 驚人的速讀術　鐘文訓編著　170元
8. 學生課業輔導良方　多湖輝著　180元
9. 超速讀超記憶法　廖松濤編著　180元
10. 速算解題技巧　宋釗宜編著　200元
11. 看圖學英文　陳炳崑編著　200元
12. 讓孩子最喜歡數學　沈永嘉譯　180元
13. 催眠記憶術　林碧清譯　180元
14. 催眠速讀術　林碧清譯　180元

・實用心理學講座・電腦編號21

1. 拆穿欺騙伎倆　多湖輝著　140元
2. 創造好構想　多湖輝著　140元
3. 面對面心理術　多湖輝著　160元
4. 偽裝心理術　多湖輝著　140元
5. 透視人性弱點　多湖輝著　140元
6. 自我表現術　多湖輝著　180元
7. 不可思議的人性心理　多湖輝著　180元
8. 催眠術入門　多湖輝著　150元
9. 責罵部屬的藝術　多湖輝著　150元
10. 精神力　多湖輝著　150元
11. 厚黑說服術　多湖輝著　150元
12. 集中力　多湖輝著　150元
13. 構想力　多湖輝著　150元
14. 深層心理術　多湖輝著　160元
15. 深層語言術　多湖輝著　160元
16. 深層說服術　多湖輝著　180元
17. 掌握潛在心理　多湖輝著　160元
18. 洞悉心理陷阱　多湖輝著　180元
19. 解讀金錢心理　多湖輝著　180元
20. 拆穿語言圈套　多湖輝著　180元
21. 語言的內心玄機　多湖輝著　180元
22. 積極力　多湖輝著　180元

・超現實心理講座・電腦編號22

1. 超意識覺醒法　詹蔚芬編譯　130元
2. 護摩秘法與人生　劉名揚編譯　130元
3. 秘法！超級仙術入門　陸明譯　150元
4. 給地球人的訊息　柯素娥編著　150元

5. 密教的神通力	劉名揚編著	130元
6. 神秘奇妙的世界	平川陽一著	200元
7. 地球文明的超革命	吳秋嬌譯	200元
8. 力量石的秘密	吳秋嬌譯	180元
9. 超能力的靈異世界	馬小莉譯	200元
10. 逃離地球毀滅的命運	吳秋嬌譯	200元
11. 宇宙與地球終結之謎	南山宏著	200元
12. 驚世奇功揭秘	傅起鳳著	200元
13. 啟發身心潛力心象訓練法	栗田昌裕著	180元
14. 仙道術遁甲法	高藤聰一郎著	220元
15. 神通力的秘密	中岡俊哉著	180元
16. 仙人成仙術	高藤聰一郎著	200元
17. 仙道符咒氣功法	高藤聰一郎著	220元
18. 仙道風水術尋龍法	高藤聰一郎著	200元
19. 仙道奇蹟超幻像	高藤聰一郎著	200元
20. 仙道鍊金術房中法	高藤聰一郎著	200元
21. 奇蹟超醫療治癒難病	深野一幸著	220元
22. 揭開月球的神秘力量	超科學研究會	180元
23. 西藏密教奧義	高藤聰一郎著	250元
24. 改變你的夢術入門	高藤聰一郎著	250元
25. 21世紀拯救地球超技術	深野一幸著	250元

・養 生 保 健・電腦編號23

1. 醫療養生氣功	黃孝寬著	250元
2. 中國氣功圖譜	余功保著	230元
3. 少林醫療氣功精粹	井玉蘭著	250元
4. 龍形實用氣功	吳大才等著	220元
5. 魚戲增視強身氣功	宮　嬰著	220元
6. 嚴新氣功	前新培金著	250元
7. 道家玄牝氣功	張　章著	200元
8. 仙家秘傳袪病功	李遠國著	160元
9. 少林十大健身功	秦慶豐著	180元
10. 中國自控氣功	張明武著	250元
11. 醫療防癌氣功	黃孝寬著	250元
12. 醫療強身氣功	黃孝寬著	250元
13. 醫療點穴氣功	黃孝寬著	250元
14. 中國八卦如意功	趙維漢著	180元
15. 正宗馬禮堂養氣功	馬禮堂著	420元
16. 秘傳道家筋經內丹功	王慶餘著	280元
17. 三元開慧功	辛桂林著	250元
18. 防癌治癌新氣功	郭　林著	180元
19. 禪定與佛家氣功修煉	劉天君著	200元
20. 顛倒之術	梅自強著	360元

國家圖書館出版品預行編目資料

科學面相／淺野八郎著，林娟如譯
－－初版－臺北市，大展，民 88
面；21 公分－（生活廣場；3）
譯自：顏相の科學
ISBN 957-557-937-2（平裝）
1.面相
293.21　　88008784

科學面相

ISBN 957-557-937-2

原 著 者／淺 野 八 郎
編 譯 者／林　娟　如
發 行 人／蔡　森　明
出 版 者／大展出版社有限公司
社　　址／台北市北投區（石牌）致遠一路 2 段 12 巷 1 號
電　　話／(02) 28236031・28236033
傳　　真／(02) 28272069
郵政劃撥／01669551
登 記 證／局版臺業字第 2171 號
總 經 銷／品冠文化出版社
郵政劃撥／19346241
承 印 者／國順圖書印刷公司
裝　　訂／嶸興裝訂有限公司
排 版 者／千兵企業有限公司
電　　話／(02) 28812643
初版 1 刷／1999 年（民 88 年） 9 月

定　價／220 元

大展好書 好書大展

大展好書 好書大展